Ingrid Malzahn

EIN GESCHENK DES HIMMELS

Leuchtende Pfade mit Maria vom Dunkel ins Licht

Du bist nicht tot, du wechselst nur die Räume,
du lebst in uns und wanderst durch unsere Träume.

Michelangelo

Ingrid Malzahn

EIN GESCHENK DES HIMMELS

Leuchtende Pfade mit Maria vom Dunkel ins Licht

Wie ich auf einer Reise nach Mexiko aus meiner
tiefen Trauer fand und Gottes Plan für mich für
eine neue Lebensaufgabe entdeckte

*In großer Dankbarkeit gewidmet meinem liebevollen
Ehemann Dipl.-Ing.Klaus Malzahn und P. Dr. Bennet
Tierney LC für seine Hilfe in einer dunklen Zeit*

1. Auflage 2023
© **VVV** Christiana-Verlag im Fe-Medienverlag
Hauptstr. 22, 88353 Kisslegg-Immenried • www.fe-medien.de

Alle Rechte vorbehalten

Titelbild: Uxmal antike Maya-Stadt, Yucatán, Mexiko,
istock eddygaleotti

Satz und Layout: Renate Geisler

Druck: mcpdruk, Polen

ISBN: 978-3-7171-1371-3

Inhalt

Teil I

Wie groß die Finsternis auch sei,
wir sind immer dem Licht nahe.

Hl. Franz von Sales

Gottes liebender Ruf

Haltet in den dunklen Tagen euer Herz bereit! Wehmütig las ich den Text auf einem alten Weihnachtskalenderblatt, das mir ein Jahr nach dem plötzlichen Tod meines geliebten Ehemanns Klaus in die Hände fiel. *Tannen werden Lichter tragen, und die leuchten weit.* Der Spruch unter dem Bild eines mit funkelnden Lichtern geschmückten Christbaums in einer nächtlich-verträumten Schneelandschaft sprang mir förmlich ins Auge. *Leuchten in der Nächte Schweigen und im kalten Wind. Sterne werden sich bezeigen, die noch ferne sind …*

Wer immer der Autor dieser Zeilen war, sein poetischer Text leuchtete wie ein kleiner Hoffnungsschimmer in meine trübselige Stimmung hinein. Ob er mir etwas sagen wollte? Draußen war es abends, so kurz vor dem Heiligen Abend, bereits stockdunkel. Ich schob die Glastür zur Terrasse auf und trat hinaus. Die Luft war kühl und regengesättigt und es roch nach Feuchtigkeit. Fröstelnd schaute ich auf die dunklen Umrisse der alten Kiefern am Nachbargrundstück, die immer weiter in den Himmel wuchsen und uns tagsüber das Sonnenlicht raubten. Nur auf meiner mit Lichterketten weihnachtlich geschmückten Thuja-Hecke blitzten die kleinen Lämpchen wie Leuchtkäfer, die lustig mit dem Wind in die dunkle Nacht hineintanzten.

Von irgendwoher aus der Nachbarschaft wehte ein vertrauter weihnachtlicher Bratenduft herüber. Das brachte mir schmerzlich zu Bewusstsein, dass ich jetzt zum zweiten Mal die Weihnachtstage ohne meinen Ehemann allein zu Hause verbrachte und niemand mehr da war, den ich kulinarisch verwöhnen konnte. Wir hatten das Fest der Geburt Jesu nach dem Besuch der Heiligen Messe immer zuhause gefeiert. Deshalb wollte bei mir, wie auch schon im Vorjahr, keine rechte Weihnachtsfreude aufkommen. Mit Tränen in den Augen fragte ich in den sternlosen Himmel hinein: „Habt ihr da oben mich vielleicht ganz vergessen? Warum habt ihr mich nicht zusammen mit meinem Ehemann abgeholt – was soll ich denn so allein noch in dieser Welt?"

Natürlich hätte ich Weihnachten in Wien mit meiner Familie feiern können. Doch hier, in vertrauter Umgebung, fühlte ich mich meinem all die Jahre so fürsorglichen Ehemann näher als an jedem anderen Ort der Welt. Das Marien-Kirchlein, wo Klaus und ich vor vier Jahrzehnten den Bund der Ehe geschlossen hatten, war ganz in der Nähe, auch das Ursulinenkloster St. Angela mit den herzensguten Schwestern, die nach Klaus' plötzlichem Tod so oft für mich da gewesen waren, ebenso wie meine liebevollen Nachbarn und Freunde. In diesem Augenblick klingelte das Telefon.

„Pater Carlos hier. Ich habe einen Vorschlag. Pater Bennet und ich wollen dich einladen, mit uns nach Bad Münstereifel zu fahren und dort die Weihnachtstage zu verbringen. Du hast dieses Jahr so viel für uns getan und wir wollen dir danken. Kommst du mit? Ich hole dich ab und wir fahren zusammen." Mir verschlug es fast die Sprache! Ich fragte mich, wer da eigentlich wem zu danken hatte, denn gerade diese beiden Priester der Legionäre Christi waren nach Klaus' Tod für mich in geistlicher Hinsicht die größte Stütze gewesen. Sie hatten mir geholfen, diesen unerwarteten Verlust als Gottes Willen und Ratschluss zu akzeptieren. Klaus und ich kannten die beiden Priester schon lange. Pater Bennet Tierney, ein Ire, und sein jüngerer mexikanischer Mitbruder Pater Carlos Arturo Martinez Teuscher hatten im Ursulinenkloster St. Angela in meinem Heimatort Königstein im Taunus eine kleine Wohnung und ein Büro. Von dort aus reisten sie an verschiedene Orte vor allem im süddeutschen Raum, um Vorträge zu halten, Aktivitäten für Jugendliche zu organisieren und seelsorglichen Aufgaben nachzugehen. Sie stellten ihr Leben ganz in den Dienst der Neuevangelisierung. Besonders beeindruckt hat mich und Klaus aber von Anfang an ein ganz besonderes Projekt von Pater Bennet: Da er 15 Jahre in Mexiko gearbeitet und dort die Not der indigenen Maya-Bevölkerung mit eigenen Augen gesehen hatte, gründete er, nachdem er nach Königstein im Taunus gezogen war, die Hilfsorganisation *Medical Mission Network*. Sein Anliegen ist es, der verarmten Landbevölkerung medizinische Unterstützung zu bieten. Seit 17 Jahren organisiert er regelmäßig Hilfseinsätze in dem mexikanischen Bundesstaat Quintana Roo. Aber nicht nur aus diesem Grund schätzte mein Ehemann Pater Bennet sehr. Auch seine Bescheidenheit und Authentizität als Priester und Ordensmann haben ihn sehr angesprochen. Einmal im Monat hielt Pater Bennet sonntags einen Besinnungstag im Ursulinenkloster und feierte die Heilige Messe. Da Klaus und ich mit der damaligen Oberin, Schwester Maria-Regina, befreundet waren, rief sie uns immer am Vorabend an, um uns Bescheid zu sagen. Klaus war dann jeweils sofort bereit, mit mir dort hinzugehen. Pater Bennets Predigten, lebensnah, tiefsinnig und immer mit einem Quäntchen Selbstironie und Humor gewürzt, und auch die Kombination aus tiefem Glauben und praktischer Vernunft in Pater Bennets Worten und Taten hatten großen Eindruck auf meinen eher intellektuell orientierten Ehemann gemacht. So unterstützte er sein medizinisches Hilfsprojekt in Mexiko immer gerne.

Als Pater Carlos mich nun fragte, ob ich mitkommen und Weihnachten mit den Legionären Christi feiern wollte, klopfte mein Herz vor Freude. Ich konnte es kaum fassen: Hatte der liebe Gott etwa gerade wirklich meine Tränen gesehen? Oder vielleicht sogar mein lieber Ehemann im Himmel, der jetzt gewiss meine Freude teilte?

„Danke für die Einladung! Ich komme von Herzen gerne mit!" „Muy bien", antwortete Pater Carlos. „Ich hole dich am Heiligen Abend um die Mittagszeit mit dem Auto ab und wir fahren zusammen nach Bad Münstereifel. Wir freuen uns auf dich!"

Am Anfang des Christseins steht die Begegnung mit einem Ereignis, mit einer Person, die unserem Leben einen neuen Horizont und damit seine entscheidende Richtung gibt.

Papst Benedikt XVI.

Glückliche Tage in Lissabon und Fatima

2017, das Jahr, in dem Klaus starb, hatte unbeschwert und fröhlich angefangen. Anfang des Jahres am Frühstückstisch überlegten wir, wie wir Klaus' 75. Geburtstag am 19. März feiern wollten. „Warum machen wir nicht mal etwas Besonderes und besuchen die Madonna von Fatima?", schlug ich vor. Schließlich jährten sich die Erscheinungen von Fatima 2017 zum 100. Mal – und wir waren noch nie dort gewesen. Dabei hatten wir allen Grund, der Muttergottes für unsere lange glückliche Ehe zu danken. Klaus überlegte kurz. „Warum eigentlich nicht? Ich suche gleich mal im Internet nach Flügen und einem Hotel in Lissabon und versuche herauszufinden, wie man von dort am besten nach Fatima kommt!"

Die Erscheinungen von Fatima

Die Erscheinungen der Muttergottes im Jahr 1917 in Fatima haben mich schon immer fasziniert. Doch was hat es damit eigentlich auf sich? Welche Bedeutung haben sie für die Gläubigen und die Welt? Ich möchte hier kurz erzählen, was damals in dieser kleinen portugiesischen Stadt, die heute einer der bekanntesten Wallfahrtsorte der katholischen Kirche ist, eigentlich geschehen ist.

1917 war für Portugal ein Jahr politischer Entscheidungen und Umbrüche, ein Schreckensjahr, genauso wie für viele andere Staaten Europas auch. Die Erscheinungen der Madonna in Fatima standen am Beginn eines Jahrzehnts, in dem sich die Völker immer weiter in brutale Kriege verstrickten und das Ende der drei größten Monarchien Europas, darunter auch die Monarchie der Habsburger in meinem Heimatland Österreich, einläutete. Schon drei Jahre lang wurden Europas junge Männer auf den Schlachtfeldern des Ersten Weltkriegs sinnlos niedergemetzelt, während das Volk hungerte. In Portugal war zudem ein extrem kirchenfeindliches, atheistisches Regime an der Macht, welches Priester und Geistliche aus dem Land gejagt, Kirchen, Ordenshäuser und sämtliche katholischen Einrichtungen und Schulen geschlossen, ihre Besitztümer enteignet und alle liturgischen Feiertage abgeschafft hatte.

Aber in der Geschichte Gottes mit den Menschen erschienen in Zeiten großer Drangsal und Not immer wieder himmlische Boten, um von Gottes Macht und Eingreifen Zeugnis abzulegen, oft an den unbedeutendsten Orten, wie damals in Betlehem bei der Geburt Jesu, oder eben auch hier, in der Gegend von Ourém, in einem kleinen unbekannten Dorf mit dem arabischem Namen Fatima. Nach einer Legende wurde die schöne arabische Fürstentochter Fatima – benannt nach der Tochter des Propheten Mohammed – von christlichen Portugiesen entführt, welche die von den Mauren beherrschte Region Santarem im Jahr 1147 zurückeroberten. Sie wurde an den Grafen von Ourém verkauft und soll sich aus Liebe zu ihm haben taufen lassen und ihn geheiratet haben. Der Ort, an dem sich ihre letzte Ruhestätte befinden soll, wurde von ihren Nachkommen nach ihr benannt.

Und wie zum Trost für das geschundene Volk beschenkte der Himmel ausgerechnet dieses kleine Dorf Fatima im Frühling des Jahres 1916 mit einem Boten, der helfen sollte, den ersehnten Frieden auf Erden zu verwirklichen. Während die Geschwister Francisco und Jacinta Marto, acht und sechs Jahre alt, in der Nähe ihres Dorfes in Aljustrel bei Fatima die Schafe ihrer Familien hüteten, schüttelte auf einmal ein heftiger Wind die Olivenbäume. Erstaunt sahen die Kinder, wie sich über den Bäumen eine durchsichtige Gestalt näherte und auf sie zukam.

„Ein wunderschöner Jüngling, 14 oder 15 Jahre alt, weißer als Schnee, der aussah wie ein von der Sonne durchleuchteter Kristall" – so beschreibt ihre ältere Cousine, die damals neunjährige Lucia dos Santos, diese außergewöhnliche Erscheinung.

„Fürchtet Euch nicht!", beruhigte der Jüngling die Kinder. *„Ich bin der Engel des Friedens! Betet mit mir!"* Er lehrte sie dann, kniend dieses Gebet zu sprechen: *„O mein Gott, ich glaube an Dich, ich bete Dich an, ich hoffe auf Dich und ich liebe Dich. Ich bitte Dich um Verzeihung für jene, die nicht an Dich glauben, Dich nicht anbeten, nicht auf Dich hoffen und Dich nicht lieben!"* Nachdem er diese Worte dreimal wiederholt hatte, bat er sie inständig, immer so zum Herzen Jesu und Mariens zu beten. Bei der zweiten Erscheinung im Sommer 1916 bat er die Kinder erneut um ihre Gebete, da ihnen die Heiligsten Herzen Jesu und Mariens Barmherzigkeit erweisen wollten. *„Denn durch eure Gebete und Opfer als Akt der Wiedergutmachung für die Bekehrung der vielen Sünder könnt ihr den für euer Vaterland so notwendigen Frieden vom Himmel herabziehen"*, erklärte er ihnen. *„Ich bin sein Schutzengel, der Schutzengel von Portugal! Nehmt die Leiden, die der Herr Euch schicken wird, ergeben und geduldig an! Gott liebt euch und will von euch wiedergeliebt werden."*

Von den drei Kindern hatten nur Lucia und Jacinta die Worte des Engels gehört, Francisco jedoch sah ihn nur. Die Kinder prägten sich die Worte tief in ihr Herz ein. Zur herbstlichen Weinlese des Jahres 1916 erschien ihnen der Engel ein drittes Mal. Mit einem Kelch in der Hand, darüber war eine Hostie, aus der Blut in die Schale tropfte. Er ließ Kelch und Hostie in der Luft schweben, kniete nieder und wiederholte dreimal das Gebet:

„Heiligste Dreifaltigkeit, Vater, Sohn und Heiliger Geist, in tiefer Ehrfurcht bete ich Dich an und opfere Dir den kostbaren Leib und das Blut, die Seele und die Gottheit Jesu Christi, gegenwärtig in allen Tabernakeln der Erde zur Wiedergutmachung für alle Schmähungen, Sakrilegien und Gleichgültigkeiten, durch die Er selbst beleidigt wird. Durch die unendlichen Verdienste Seines Heiligen Herzens und des Unbefleckten Herzens Mariens bitte ich Dich um die Bekehrung der armen Sünder." Danach reichte der Engel den Kindern die heilige Kommunion und sagte: *„Empfangt den Leib und trinkt das Blut Jesu Christi, der durch die undankbaren Menschen so furchtbar beleidigt wird. Sühnt ihre Sünden, tröstet euren Gott."*

Indem Gott den drei Hirtenkindern, die weder lesen noch schreiben konnten, den Schutzengel Portugals als Boten sandte, bereitete Er sie auf das überirdische Ereignis vor, das ihnen bevorstand: das Erscheinen der Muttergottes.

Denn um die Mittagszeit des 13. Mai 1917, als sie auf einem Feldstück in der Cova da Iria („Tal des Friedens") in der Nähe ihres Dörfchens Aljustrel Schafe weideten, bemerkten die Kinder ein ungewöhnlich helles Licht am Himmel aufflammen. Eine wunderschöne Frau in überirdischem Lichtglanz, *„ganz in weiß gekleidet, strahlender als die Sonne",* erschien über einer Steineiche und bat die Kinder, mit ihr den Rosenkranz zu beten. Bereits bei ihrem ersten Erscheinen erklärte die Frau den Kindern, dass nach dem baldigen Ende des Ersten Weltkriegs ein noch viel schrecklicherer Krieg in ganz Europa ausbrechen würde, wenn die Menschen nicht umkehrten und beteten. In Visionen führte sie ihnen beängstigende, apokalyptische Bilder von der Hölle und den Qualen verlorener Seelen vor Augen. Sie bat die Kinder, in den folgenden fünf Monaten immer am 13. Tag um 12 Uhr mittags in die *Cova da Iria* zu kommen, weil sie ihnen weitere wichtige Botschaften übermitteln wollte. Die zweite Vision am 13. Juni bezog sich auf die Bekehrung Russlands. Inständig bat die Muttergottes, das Land ihrem Unbefleckten Herzen zu weihen und um Befreiung vom Bolschewismus und der gottlosen kommunistischen Geisel zu beten. Bei der dritten Erscheinung am 13. Juli 1917 offenbarte sie den Kindern dann die berühmten *„Drei Geheimnisse von Fatima"* mit der Bitte, weiterhin jeden Monat um die gleiche Zeit an diesen Ort zu kommen, damit sie ihnen erklären könne, wer sie sei und was sie wünsche. Dabei kündigte sie ein

Wunder an, damit den Kindern geglaubt werde. Die Kinder hatten sie darum gebeten, denn zwischenzeitlich waren sie von der Polizei in Haft genommen worden und wurden von der atheistischen Staatsgewalt bedroht und brutal drangsaliert.

Die als *„Geheimnisse von Fatima"* bekanntgewordenen Prophezeiungen wurden in Windeseile im ganzen Land und in der Welt zu einem vieldiskutierten Thema. Das dritte und am längsten gehütete Geheimnis wurde jedoch erst 83 Jahre später vom Vatikan enthüllt. Darin spricht die Madonna von einem weißen Bischof, der bei einem mühevollen Aufstieg auf einen Berg von Kugeln tödlich getroffen zusammenbricht. Heute geht man davon aus, dass damit wohl das Attentat auf Papst Johannes Paul II. im Jahr 1981 gemeint war. Der Heilige Vater war damals auf dem Petersplatz von Ali Agca mit drei Schüssen lebensgefährlich verletzt worden. Da die behandelnden Ärzte in der Gemelli-Klinik seine Rettung als Wunder betrachteten, ließ der polnische Papst zum Dank ein Jahr später bei seiner Reise nach Fatima eine der drei Gewehrkugeln in die Krone der Marienstatue in der Gnadenkapelle einsetzen.

Die Kunde über die Erscheinungen der Madonna in Fatima breitete sich wie ein Lauffeuer in ganz Portugal aus. Gerüchte über Wunder, Krankenheilungen und Erhörung flehentlicher Gebete bewogen die

Menschen, nach Ajustrel zu kommen, um die Kinder zu sehen. Dies führte dazu, dass sich zur vorletzten Erscheinung am 13. September 1917 bereits rund 25.000 Menschen in die *Cova da Iria* drängten. Und nach Marias Ankündigung, am letzten Tag ihrer Erscheinungen, am 13. Oktober, *„ein Zeichen zu wirken, damit alle glauben können"*, kamen rund 70'000 Pilger, darunter einfache Bauern und Adelige, Gläubige und Atheisten, skeptische Presseleute und Wissenschaftler. Stundenlang kampierten sie trotz Windes und Nieselregens schon frühmorgens auf dem schlammigen Lehmboden, um das von der Muttergottes angekündigte Wunder miterleben zu können.

Pünktlich um 12 Uhr mittags sahen die drei Seherkinder Lucia dos Santos, Jacinta Marto und Francesco Marto einen Blitzstrahl und der starke Regen ließ schlagartig nach. Zum letzten Mal sahen sie die ganz in Weiß gekleidete, strahlend schöne Frau über der kleinen Steineiche im Lichterglanz schwebend. Nun endlich offenbarte sie ihnen, wer sie war und warum sie ihnen erschien. *„Ich bin Unsere Liebe Frau vom Rosenkranz"*, erklärte sie den Kindern und bat sie nochmals, den Rosenkranz täglich zu beten, den Herrn nicht mehr zu beleidigen und um Vergebung ihrer Sünden zu bitten. Zum Abschied öffnete sie ihre Hände, aus denen gleißende Strahlen aus Licht strömten, bevor sie in der zwischen grauen Wolkenschichten hervorbrechenden Sonne verschwand.

Und dann fing die Sonne vor den Augen Tausender staunender Zuschauer an, sich um sich selbst zu drehen und sich gleich darauf in eine silberne Scheibe zu verwandeln, um die sich leuchtend blaue und gelbe Strahlen bildeten, die bunte Lichter auf die Kleidung und Kopftücher der dichtgedrängten Menschen und in die ganze Umgebung warfen. Als dann die Sonne auch noch anfing zu zittern, sich wild zu drehen und zu tanzen, schien es den Menschen, als wollte sie mit ungeheurer Geschwindigkeit wie ein gigantisches flammendes Feuerrad, das dauernd seine Farben wechselt, auf die Erde zurasen. Die Zeugen dieses von der Muttergottes angekündigten Wunders waren starr vor Schreck oder schrien vor Angst, weinten und fingen an zu beten. Denn sie glaubten, das Ende der Welt sei gekommen. Ihre regennasse Kleidung trocknete bei dem überirdischen Schauspiel innerhalb von Sekunden.

Dieses von unzähligen Zeugen aus allen sozialen Schichten beobachtete und damals von einem jüdischen Fotografen mit der Kamera dokumentierte, naturwissenschaftlich nicht erklärbare Sonnenwunder ist nach gründlichen kirchlichen Untersuchungen und der Befragung Tausender Augenzeugen als „reales" Phänomen bestätigt und von der katholischen Kirche mehr als ein Jahrzehnt später offiziell anerkannt worden. Und so leuchtet das Wunder von Fatima als ein überirdisches Zeichen des Himmels auch 100 Jahre später noch immer in die von der Madonna für unsere Zeit vorhergesagte Gottlosigkeit und Glaubensfinsternis hinein.

Wege zur Muttergottes

Da meine Mutter Margarete, 1918 zum Ende der Habsburgermonarchie geboren, als blutjunge gläubige Witwe, ihren ebenso jungen geliebten Ehemann Josef, unseren Vater, nach kurzer Ehe noch am Ende des Zweiten Weltkriegs in Russland verlor, hat sie uns schon als Schulkinder im berühmten steirischen Wallfahrtsort Mariazell unter den Schutz der Himmelskönigin gestellt. „Ich habe mich in der Not immer vertrauensvoll Maria anvertraut!" erklärte sie uns. „Und sie hat immer geholfen!" Das hat mein kindliches Gemüt damals so beeindruckt, dass ich mich auch später im Leben bei Prüfungen und Problemen, immer lieber gleich mit kleineren und größeren Bitten an Maria wandte, um meine Mutter mit ihren vielen Sorgen um uns nicht noch mehr zu belasten.

Klaus, evangelisch-lutherisch getauft, kam dagegen nicht vor dem Tag unserer Hochzeit, dem 21. März 1975, mit der Marienverehrung in Berührung. Denn unsere kleine Pfarrkirche, in der wir heirateten, war am 8. September 1756, dem Festtag Mariä Geburt, geweiht worden und in einer Nische über dem Eingangsportal befindet sich eine Statue der Muttergottes. „Unsere Madonna hat ihr mütterliches Auge eben schon am Tag unserer Hochzeit auf dich geworfen", sagte ich deshalb oft scherzend zu ihm. Da Klaus aber von Beginn unserer Ehe an immer gern mit mir in die Heilige Messe ging, ohne jedoch die Kommunion zu empfangen, hatte er mit der Marienverehrung kein Problem.

2001 hatte ich ein Buch über Pater Pio veröffentlicht.[1] Schon kurz nach Erscheinen des Buchs lernten wir nach der Abendmesse in unserem Marien-Kirchlein ein junges Ehepaar kennen: Andreas und Mechthild. Die hübsche blonde Frau fragte mich gleich: „Sind Sie die Autorin, die das neue Buch über Pater Pio geschrieben hat?" Vollkommen perplex, vor allem aber erfreut darüber, dass überhaupt jemand mein Pater-Pio-Buch schon gelesen hatte, nickte ich. „Wie schön, ich wollte Sie sowieso kennenlernen … hätten Sie nicht Lust, mit mir morgen nach Köln zu fahren? Ich habe dort einen Termin und unterwegs könnten wir uns in Ruhe über Ihr Buch unterhalten." Na, wenn das keine himmlische Fügung ist, dachte ich begeistert und sagte zu. Unsere Gespräche während der Fahrt waren sehr anregend und Mechthild versprach mir, in den Medien mit ihren Kontakten Werbung für mein Buch zu machen. Damals war Pater Pio in Deutschland noch kaum bekannt. Zwischen

---

[1] Pater Pio von Pietrelcina – Wunder, Heiligen und von der Kraft des Gebets, Grasmück 2001, 4. Aufl. Edition Christliche Mystik 2008

dem sympathischen Ehepaar und uns entwickelte sich bald eine sehr herzliche Freundschaft, die später auch bedeutend dazu beitrug, dass Klaus sich entschloss, zum katholischen Glauben zu konvertieren. Ich hatte meinen Ehemann niemals dazu gedrängt! Aber eines Tages, nach der Trauerfeier unseres alten Freundes Pfarrer Albert Simon, der Klaus sehr zugetan war, sprang mein Ehemann am nächsten Morgen vom Frühstückstisch auf und sagte: „Ich gehe jetzt ins Pfarrhaus in St. Marien und sage, dass ich in die katholische Kirche eintreten möchte!" Ich war so perplex, dass mir fast die Kaffeetasse aus der Hand fiel!

Eine große Rolle spielte bei diesem Entschluss sicher auch unser früherer Gemeindepfarrer, der später Generalvikar im Bistum Limburg war, Wolfgang Rösch. Bevor er sich entschloss, Priester zu werden, hatte er wie Klaus an einer Technischen Hochschule studiert. Es beeindruckte Klaus sehr, wie überzeugend er Glaube und Vernunft miteinander verbinden konnte. Nach Klaus Offenbarung besuchte Pfarrer Rösch uns zuhause, um bei einer Tasse Tee mit Klaus über diesen Entschluss eingehender zu sprechen. Am Ende sagte er dann lächelnd: „Herr Malzahn, an sich müssten Sie für den Eintritt ja einen Glaubenskurs absolvieren. Doch ich denke, Ihre Frau war in Ihrer Ehe für Sie ja schon Glaubenskurs genug …" Und so kam es, dass mein Ehemann, ganz ohne mein Drängen und Zutun, bald darauf in der Klosterkirche St. Angela der Ursulinenschwestern feierlich von Pfarrer Rösch gefirmt wurde, und zwar an einem 10. Oktober, dem Tag von dessen Priesterweihe, mit Freund Andreas als Pate.

Unsere Freundschaft festigte sich immer mehr, auch durch gemeinsame schöne Italien-Reisen, zum *Volto Santo* nach Manoppello – dem berühmten Muschelseidentuch, auf dem das Antlitz Christi zu sehen ist –, zum Eucharistischen Blutwunder in Lanciano und den Stiefel hinunter zum heiligen Pater Pio nach San Giovanni Rotondo und zu der Grotte des heiligen Erzengels Michael von Monte Sant'Angelo. Mein Ehemann, obwohl beruflich sehr eingespannt, begleitete mich auch auf meinen Recherchereisen für meine Bücher als geduldiger Fahrer und begabter Fotograf. Wir fuhren gemeinsam nicht nur zum Kloster der heiligen Katharina nach Bologna, sondern auch nach Loreto, zum Geburtshaus Marias, wo der Engel Gabriel ihr die Geburt ihres Sohnes Jesus verkündete. Um das Häuschen vor den eindringenden Arabern zu schützen, sollen Engel seine Mauern von Nazareth über Dalmatien nach Loreto überführt haben, wo es 1294 ankam. Wie alle von uns besuchten Heiligtümer, hat auch die Basilika mit dem Heiligen Haus in Loreto, von Papst Johannes Paul II. als echter marianischer Mittelpunkt der Christenheit bezeichnet, Klaus fasziniert. Diese Reisen halfen ihm dabei, die Mutter Jesu immer mehr in sein Glaubensleben einzubeziehen.

Dies war der Grund, warum nun auch unser Besuch in Fatima an Klaus' 75. Geburtstag – noch vor dem großen Ansturm bei der offiziellen Hundertjahr-Feier – für uns der Höhepunkt dieses Jahres sein sollte. Klaus' Geburtstag, der 19. März, ist der Festtag des heiligen Josef. Wir besuchten an diesem Tag die erst 2007 geweihte Basilika der Heiligen Dreifaltigkeit in Fatima – ein moderner Rundbau mit 8600 Sitzplätzen und die viertgrößte katholische Kirche der Welt. Danach schlenderten wir zu der Erscheinungskapelle, wo hinter Schutzglas die berühmte weiße Madonna steht, in deren Krone eine der Kugeln, die Papst Johannes Paul II. getroffen hatten, eingefasst ist. Und zwar genau dort, wo Maria den Kindern, über der kleinen Steineiche schwebend, im Jahr 1917 zum ersten Mal erschien. Der Baum selbst existiert leider nicht mehr, da er von Glaubensfeinden, nämlich von Freimaurern, vollständig niedergebrannt worden war.

Wir gingen am Denkmal des Heiligsten Herzens Jesu und dem stählernen Christuskreuz des deutschen Bildhauers Robert Schad vorbei und überquerten den riesengroßen Platz, um die ursprüngliche Kirche von Fatima zu besuchen, die mit ihrem 65 Meter hohen Turm und den weißen Arkaden unter strahlendblauem Himmel ein herrliches Fotomotiv war. Als wir die Treppe zum Eingangsportal hochstiegen, sagte ich zu Klaus: „Viele Prophezeiungen der Geheimnisse der Muttergottes sind ja auf ihren ausdrücklichen

Wunsch erst Jahrzehnte später von den Päpsten offengelegt worden, weil die Menschen sie vorher vielleicht noch nicht verstanden hätten. Also waren sie doch auch für unsere Zeit bestimmt. Warum haben Kirche und Politik also auf die Bitten der Himmelskönigin so wenig reagiert? Maria wünschte sich eine Weihe der Nationen an ihr Unbeflecktes Herz. Man hätte dadurch vielleicht viel Unheil abwenden können …" Klaus legte lächelnd seinen Arm um mein schmerzendes Kreuz, über das ich nach längerem Herumlaufen wie üblich klagte, und meinte. „Tja, meine Liebe, die Gottesmutter hat den Menschen ja auch keine heile Welt versprochen, ohne Mühsal und Leid. Sondern genau wie Jesus im Evangelium auch auf das Kreuz hingewiesen. Die Erlösung führt eben über das Kreuz."

Still standen wir danach im Altarraum der Basilika vor den schlichten Grabplatten der Geschwister Jacinta und Francisco Marto. Nur je eine Rose lag auf ihnen. Bei der letzten Erscheinung hatten die Seherkinder die Gottesmutter gefragt, ob sie sie denn wiedersehen würden. Sie versprach es ihnen und bald wurden sie in den Himmel geholt. Beide starben sehr jung während einer Grippeepidemie. Die beiden Geschwister wurden am 13. Mai 2017 von Papst Franziskus bei der Hundertjahr-Feier der Erscheinungen heiliggesprochen.

Ihre ältere Cousine Lucia dos Santos starb hochbetagt am 13. Februar 2005 mit 97 Jahren im Kloster der Karmelitinnen in Coimbra. Aus ihren Erinnerungen wissen wir, dass die Muttergottes ihr auch im Kloster noch erschienen ist. Lucias jahrzehntelanger Bildung im Kloster und ihrer nüchternen Art verdankt die Nachwelt viel für die spätere Entschlüsselung der so lange von den Päpsten geheim gehaltenen Prophezeiungen und Botschaften der Muttergottes an die Menschheit.

„Mein Unbeflecktes Herz wird deine Zuflucht sein und der Weg, der dich zu Gott führen wird", stand unter dem Bild der Fatima-Madonna, das in mehreren Sprachen am Ausgang auslag und das man mitnehmen konnte. Vertrauensvoll sprachen auch wir das Gebet, das so passend war für unsere Zeit, in welcher der christliche Glaube in Europa ums Überleben kämpft. So oft weicht er zurück vor einem neuen Menschenbild, das dem christlichen Glauben widerspricht. Weltweit werden heute 200 Millionen Menschen wegen ihres Glaubens an Jesus Christus diskriminiert, verfolgt oder hingerichtet. Welchen anderen Rat sollte Maria der heutigen Menschheit auf ihrem Pilgerweg heim ins österliche Licht mitgeben als dieses zeitlose Gebet?

Jubiläumsgebet der Weihe
(https://www.fatima.pt/it/pages/preghiere-giubilare-)

Gegrüsset seist du, Mutter des Herrn,
Jungfrau Maria, Königin des Rosenkranzes von Fatima!
Gebenedeit unter allen Frauen,
du bist das Bild der mit dem österlichen Licht geklei-
deten Kirche,
du bist die Ehre unseres Volkes,
du bist der Triumph über das Zeichen des Bösen.

Prophezeiung der barmherzigen Liebe des Vaters,
Meisterin der Verkündigung der Frohen Botschaft des
Sohnes,
Zeichen des brennenden Feuers des Heiligen Geistes,
lehre uns in diesem Tal der Freuden und Schmerzen
die ewigen Wahrheiten, die der Vater den Kleinen of-
fenbart.

Zeige uns die Kraft deines schützenden Mantels.
Sei in deinem Unbefleckten Herzen
die Zuflucht der Sünder und der Weg, der zu Gott führt.
Vereint mit meinen Brüdern und Schwestern
im Glauben, in der Hoffnung und in der Liebe,
gebe ich mich dir hin.
Durch dich vereint mit meinen Brüdern und Schwestern,
weihe ich mich dem Herrn,
o Jungfrau des Rosenkranzes von Fatima.

Geborgen im Licht, das uns aus deinen Händen erreicht,
werde ich den Herrn ehren bis in alle Ewigkeit.
Amen.

Wir fühlten uns reich beschenkt, als wir die 135 Kilometer zurück nach Lissabon fuhren, wo wir ein Hotelzimmer gebucht hatten. Am Abend lauschten wir in einer kleinen, gekachelten Taverne bei Tapas und *Bacalhau,* Schwertfisch, dem Fadogesang, jenen für Portugal typischen Liedern von *saudade* – einem unbeschreiblichen Gefühl tiefster Sehnsucht nach Glück, verbunden mit Weltschmerz und Fatalismus. Entstanden ist der Fado, der auch afrikanische, brasilianische und arabische Tonelemente enthält, im 19. Jahrhundert in den Armenvierteln Lissabons. Heute zählt er zum immateriellen Weltkulturerbe der UNESCO.

Am nächsten Tag besuchten wir einige Kirchen, die aus dem 12. Jahrhundert stammende *Catedral Sé Patriarcal* mit ihrer markant mit dicken Zinnen besetzten Doppelturmfassade und die spätbarocke Kirche des heiligen Antonius, eines der Schutzpatrone Lissabons, die über dessen Geburtsort errichtet worden ist. Wir stiegen auf den höchsten Hügel Lissabons mit der einst maurischen Festungsanlage *Castelo de Sao Jorge,* deren Terrassen, Türme und Wehrgänge einen atemberaubenden Blick über die Stadt und den Tejo bieten, und staunten über die Christus-Statue am jenseitigen Ufer des Flusses, die jener in Rio de Janeiro nachempfunden ist. Sie weckte Erinnerungen an unsere Hochzeitsreise nach Rio de Janeiro. Gleich am ersten Tag sind wir damals hoch zum Corcovado gefahren, dem Berg in Rio de Janeiro, auf dem sich die bekannte Christusstatue Cristo Redentor befindet, die aus zweitausend Fuß Höhe über die Stadt wacht.

Der Frühling hatte mit beinahe sommerlicher Temperatur quasi über Nacht die Stadt Lissabon erobert. Überall an den Straßen und Plätzen der Altstadt zierte zartes Grün die Astspitzen und die Mandelblüten strahlten rosa. Die Vögel zwitscherten laut ihr Loblied auf die Schöpfung, aus den weißblühenden Sträuchern am Straßenrand stieg Jasminduft empor. „Kann die Welt noch schöner sein?", fragte ich Klaus. Als wir am nächsten Tag, dem 21. März, unserem 42. Hochzeitstag, einen Platz auf der Elétrico 28 ergatterten, der berühmten gelben Straßenbahn, und durch die engen verwinkelten Gassen des einst maurischen Altstadtviertels hoch zu dem Alfama-Hügel fuhren, sagte ich zu ihm: „Nach diesen Tagen hier in Fatima und Lissabon, so voll von Licht und Freude, wird das Schicksal in diesem Jahr doch ganz bestimmt nichts Schlimmes für uns vorherbestimmt haben."

Leichten Herzens flogen wir am nächsten Morgen mit der Lufthansa zurück nach Deutschland.

*Gott lässt es zu, dass denen, die sich anschicken,
ihm zu dienen, allerlei Schwierigkeiten erwachsen;
aber niemals lässt er sie der Last unterliegen,
solange sie sich ihm anvertrauen.*

Hl. Franz von Sales

Die Diagnose

Das Jahr 2017 ging so unbeschwert weiter, wie es in diesen ersten Monaten angefangen hatte. Das Leben zeigte sich von seiner angenehmsten Seite mit vielen Jubiläen in Freundeskreis und Familie. Am 1. April feierte Klaus' Rotary-Club, der RC Club Main-Taunus, 40-jähriges Jubiläum. Klaus gehörte dem Club seit 1983 an und war wegen seines sozialen Engagements immer sehr beliebt. Im Juni reisten wir mit dem Rotary-Club nach Salzburg. Auf der Hinreise besuchten wir in Marktl am Inn das Geburtshaus Papst Benedikts XVI. Vor der bronzenen Benedikt-Säule Michael Neustifters schoss ich ein Erinnerungsfoto von Klaus, das ich heute noch gerne ansehe. Anschließend besuchten wir das berühmte Gnadenbild der Schwarzen Madonna in Altötting und umrundeten die Gnadenkapelle.

Für mich ist diese Reise mit meinem Ehemann unvergesslich, weil es unsere letzte gemeinsame Fahrt in mein Heimatland Österreich war, das er so sehr liebte. Wir sahen meinen lieben Cousin Peter Lang wieder, der seit Jahren am Mozarteum die Schüler der Meisterklasse am Klavier unterrichtet und dort nun unseren rotarischen Freunden eine Privatführung ermöglichte. Nach einem intensiven Kulturprogramm in Salzburg fuhren wir noch mit Peter durchs östliche Salzkammergut, besuchten verträumte Kirchlein am Ufer der berühmten Seen und still in der Sonne schlafende alte Friedhöfe. Mit wieviel Liebe die Menschen früher ihrer Verstorbenen gedacht haben, dachte ich, als ich auf den alten Grabkreuzen die kunstvoll vergoldeten Inschriften studierte. Vor der Rückfahrt nach Deutschland unternahmen wir noch eine Tour durch das grüne Waldviertel, besuchten unser Familiengrab, besichtigten alte Klöster und Kirchen und idyllisch gelegene einsame Teiche, umrundet von duftenden Fichtenwäldern.

Drei runde Geburtstagsjubiläen im engen Freundeskreis folgten, darunter auch eines mit Klaus' alten Aachener Studienfreunden in Köln, und dann im August die Hochzeit von Klaus' Neffen Thomas, der mit 40 Jahren noch seine Traumfrau gefunden hatte. Ihre Trauung fand am 17. August 2017 auf Schloss Neufahrn bei Regensburg statt; genau am gleichen Datum hatte ich Klaus vor vier Jahrzehnten kennengelernt. Ein gutes Omen also! Klaus freute sich, zu diesem Anlass seine ganze Familie wiederzusehen. Als hätte ich eine Vorahnung, kam mir bei der Trauung plötzlich der Gedanke, dass diese vielen Feste in diesem Jahr vielleicht ein Abschiedsgeschenk für einen von uns beiden sein könnten.

Klaus hatte sich kurz vor der Reise bei seinem Internisten zum jährlichen Check-up angemeldet, ohne jedoch Beschwerden zu haben. Wie üblich sagte der Arzt, nach Klaus' Laborwerten zu urteilen, sei er biologisch zehn Jahre jünger. Da seine Eltern und Großeltern fast alle weit über 90 Jahre alt geworden waren, war ich immer davon überzeugt gewesen, eines Tages als Erste vom lieben Gott in sein Reich abberufen zu werden.

„Ihre Blutwerte sind top, wie immer! Nur die Entzündungswerte sind leicht erhöht!", sagte der Magen-Darm-Spezialist und verschrieb Klaus vorsichtshalber ein Drei-Tages-Antibiotikum. Da der zweite Labortest, der nach unserer Reise vorgenommen wurde, jedoch immer noch erhöhte Entzündungswerte zeigte, riet der Arzt zu einer Darmspiegelung. „Warum tust du dir so eine Prozedur an?", fragte ich irritiert meinen Ehemann, der keine Schmerzen, sonstige Auffälligkeiten oder Verdauungsprobleme hatte. „Na ja, kann doch auch nicht schaden!", murmelte er als Antwort vor sich hin.

Da Klaus sich nach wie vor nicht krank fühlte, luden wir einige unserer Freunde, die wir wegen der vielen familiären Verpflichtungen länger nicht gesehen hatten, zu einem Besuch des Wildlife-Parks in den Opel-Zoo nach Kronberg ein. Unsere Nachbarin Doris hatte uns schon öfter eine private Führung dort angeboten. Sie ist Gymnasiallehrerin für Biologie und Sport und bietet zoopädagogische Führungen im Opel-Zoo an. Als wir bei diesem Rundgang bei den zwei putzigen vietnamesischen Pandabären ankamen, die ausnahmsweise nicht schliefen, sondern wie Zirkusakrobaten hoch oben in den Baumkronen herumturnten, sagte ich zu Klaus: „Die Tierwelt ist so perfekt und wunderschön erschaffen. Wie kann man da nur an Zufall glauben und nicht an das Werk eines Schöpfers?"

Und dann kam der September. Die Blätter der japanischen Kirschbäume vor dem Haus, honiggelb und scharlachrot, begannen sich von den Ästen zu lösen. Ein Hauch von Vergänglichkeit hing im Morgennebel. An einem solchen Morgen Ende September fuhr ich mit Klaus in die Arztpraxis. Die Darmspiegelung sollte unter einer leichten Narkose stattfinden. Nervös saß ich im Warteraum und las. Nach etwa 15 Minuten kam der Arzt zu mir und erklärte, dass er die Untersuchung nicht weiter durchführen könne, da er aufgrund einer massiven Gewebeverdickung im unteren Dickdarmabschnitt mit seinem Endoskop nicht weiter durchkomme und die empfindliche Darmschleimhaut nicht verletzen wolle. „Ihr Mann ist noch in Narkose …" „Was nun?", fragte ich den Arzt, nichts Böses ahnend. „Der Befund muss schnellstmöglich in einer Klinik laparoskopisch geklärt werden." Die Schatten wurden länger. Ich versuchte, guten Mutes zu sein und „nur von Gott abzuhängen", wie der von mir verehrte heilige Franz von Sales einmal gesagt hatte.

Du darfst auf keinen Fall deinen Frieden
verlieren, auch dann nicht, wenn die ganze
Welt aus den Fugen zu geraten scheint.
Hl. Franz von Sales

Wie ein Blitz aus heiterem Himmel

Anfang Oktober ging auf einmal alles rasend schnell. Unser Internist empfahl Klaus, ein MRT bei einem klinischen Radiologen vor Ort machen zu lassen. Dieser testete gerade eine neu entwickelte Medizin-Software für die optimale Darstellung von einzelnen Darmabschnitten. Da wir den Radiologen kannten und es dringlich war, bekam Klaus sofort einen Termin. Während mein Mann in der Röhre lag, sprach mich eine Dame an: „Ingrid, bist du das?" „Ja", erwiderte ich unsicher. „Ich habe dich an Deiner Stimme erkannt!" „Doris?" Ihre Stimme kam mir vertraut vor. „Ja", sagte sie lachend – ich kannte sie von früher.

Doris war meine erste Freundin in Frankfurt gewesen, als ich als junge Frau dort für die Lufthansa arbeitete. Sie war selbst einige Zeit bei der Lufthansa und hatte bald darauf Paul geheiratet, einen sympathischen US-Piloten. Beide waren begeisterte Golfer. Da sie eine Wohnung an einem Golfplatz in Andalusien besaßen, verbrachten sie die meiste Zeit ihrer langen, glücklichen Ehe dort und so hatten wir einander fast aus den Augen verloren. Dennoch hatte ich erfahren, dass ihr Ehemann Paul – ein langjähriger Raucher – vor einigen Jahren an Lungenkrebs gestorben war.

„Was machst du denn hier in der Radiologie?", erkundigte Doris sich nun neugierig. Ich erklärte ihr den Grund und sie sagte sofort: „Wenn Klaus laparoskopisch operiert werden muss, dann gibt es nur eine Spezialklinik in Frankfurt: Ich kann diese aus eigener Erfahrung bestens empfehlen!" Doris erzählte mir, dass sie, ohne Symptome zu bemerken, vor Jahren selbst so schwer an Darmkrebs erkrankt war, dass ihr wegen eines akuten Darmverschlusses 40 Zentimeter ihres Dickdarms hatten entfernt werden müssen. „Eine schlimme Zeit! Heute geht es mir Gott sei Dank wieder gut." Sie klang sehr positiv und überzeugend. Es konnte doch kein Zufall sein, dachte ich, dass ich meine alte Freundin Doris ausgerechnet an diesem Tag in der Radiologie treffe und sie uns mit ihren Erfahrungen mit den Ärzten dieser Klinik Mut machte!

Als Klaus vom MRT zurückkam, mit dem Befund, dass zwölf Zentimeter des Sigmas, des unteren S-förmigen Teils des Dickdarms, von einer Stenose betroffen seien und eine operative Entfernung des Gewebes dringend nötig sei, beruhigte ich ihn gleich mit Doris' Geschichte. Da der Radiologe anbot, die Bilder vom MRT sofort digital an die von Doris empfohlene Klinik in Frankfurt weiterzuleiten, damit Klaus schnellstmöglich einen Termin bekommen könnte, waren wir dem Himmel sehr dankbar, dass sich alles an diesem Tag so nahtlos gefügt hatte – als liefe alles nach Gottes Plan!

Dennoch – plötzlich waren dunkle Wolken in unserer heilen Welt aufgezogen. Aber da wir uns ja in Gottes Hand wussten, machten wir uns keine allzu großen Sorgen.

Die Zeit, Gott zu suchen, ist das Leben.
Die Zeit, Gott zu finden, ist der Tod.
Die Zeit, Gott zu besitzen,
ist die Ewigkeit.
Hl. Franz von Sales

Das Leiden beginnt

Mittlerweile war es Anfang Oktober. Eigentlich mochte ich diesen Monat, denn früher, als meine Verleger einen Stand auf der Frankfurter Buchmesse hatten, war ich immer dort. Ich durfte während der Messe immer auf dem Parkplatz von Klaus' Firma parken, von wo es nicht weit zur Eingangshalle der Buchmesse war. Klaus kam mich dann am Nachmittag oft an unserem Stand besuchen. Als Naturwissenschaftler genoss er die prickelnde Atmosphäre bei den in „höheren Sphären schwebenden Geisteswissenschaftlern", wie er sich ausdrückte. Insofern ergänzten wir einander als Ehepaar perfekt, er war stolz auf mich und ich auf ihn. „Ich weiß nicht, wie du früher in dieser hypertechnisierten und ökonomisierten Welt lebensfähig warst, ganz ohne mich", meinte er oft kopfschüttelnd, wenn er die bescheidenen Tantiemen für meine Werke sah. Er hatte schließlich mitbekommen, wie viele Stunden Arbeit und Recherche ich in meine Bücher steckte. Jedenfalls unterstützte er meine Arbeit in jeder Hinsicht und freute sich für mich, wenn ich erfolgreich war, da er diese Arbeit, wie er stets jedem erklärte, „sinnvoll fand und selbst auch geistig davon profitierte". Für mich und meine Schriftstellerei war mein Mann ein Geschenk Gottes und ich war dem Himmel unendlich dankbar dafür.

Im Oktober 2017, zur Zeit der Buchmesse, hatte Klaus sein erstes Gespräch mit dem Spezialisten für laparoskopische Darmoperationen. Nach einer gründlichen Ultraschalluntersuchung bestätigte der Professor den Befund des MRT und erklärte, nach den Bildern zu urteilen könne man Krebs mit hoher Sicherheit ausschließen. Wahrscheinlich handele es sich um eine Gewebewucherung aufgrund einer schon länger bestehenden entzündlichen Divertikulose. Er erklärte uns, die Operation würde drei bis fünf Stunden dauern, der verengte Darmabschnitt chirurgisch entfernt und mit Titanklammern „zusammengetackert" werden. Dies sei heute fast schon ein Routineeingriff. Ich fragte, wie lange mein Ehemann voraussichtlich in der Klinik bleiben müsse, daraufhin meinte der Experte freundlich: „Bei dem guten Gesundheitszustand ihres Mannes, wenn alles gut geht, etwa zehn Tage." Wie schön, dachte ich, dann können wir meinen Geburtstag Ende November gemeinsam zuhause feiern!

Wie geplant, meldete sich Klaus am Montag, dem 23. Oktober morgens im Krankenhaus. Er bezog ein Zimmer im 10. Stock der Klinik, mit Blick auf den Fernsehturm. Abends telefonierten wir noch miteinander und er teilte mir freudig mit, dass er morgen Früh gleich als erster Patient zur Operation abgeholt würde. Und er sagte wie immer zum Abschied: „Ich liebe dich." „Alles wird gut", beruhigte ich ihn. „Unsere lieben Schwestern im Kloster beten schon alle für dich!"

Der Professor hatte mir versprochen, mich gleich nach der OP telefonisch zu informieren. Und so saß ich an diesem Dienstag, dem 24. Oktober 2017, morgens Stunde um Stunde zuhause und flehte zum lieben Gott und zur Madonna, dass bitte alles gutgehen möge. Es wurde zehn Uhr, es wurde elf Uhr, es wurde zwölf Uhr – kein Anruf aus der Klinik. Ängstlich rief ich die Sekretärin des Professors an, die mich beruhigte und sagte, der Doktor sei noch im OP, werde mich aber gleich anrufen, sobald mein Mann auf die Intensivstation verlegt worden sei. Eine halbe Stunde später klingelte endlich das Telefon und der Chirurg teilte mir mit, dass alles gut verlaufen sei. „Die OP war leider schwieriger als erwartet. Aber die gute Nachricht: kein Darmkrebs!" Dafür aber großflächig wucherndes Gewebe, mit eingeschlossenen eitrigen Inseln aufgrund einer multiplen Divertikulose. Aber alles so weit gut, der pathologische Darmabschnitt sei großzügig herausgeschnitten und die zwei losen Enden mit Titanklammern zusammengetackert worden. „Ihr Mann liegt jetzt auf der chirurgischen Intensivstation zur Beobachtung und kommt morgen wieder auf sein Zimmer. „Kann ich ihn auf der Intensivstation anrufen?", fragte ich. „Ja, gerne, aber erst nach 18 Uhr." Das Telefonat mit ihm an dem Abend war die reinste Freude – Dank sei Gott!

Als ich Klaus am nächsten Morgen, am Mittwoch, dem 25. Oktober, in seinem Zimmer auf der Station besuchte, war ich überglücklich, ihn trotz all der Schläuche, der Drainage und der Infusionsflaschen umarmen zu können. Er war glücklich, die OP hinter sich zu haben, wenn er auch geschwächt und schmal im Gesicht war. Schon seit Tagen hatte er keine feste Nahrung mehr zu sich nehmen dürfen. Ich fuhr die ganze Woche über täglich zu ihm in die Klinik, oft auch mit unseren langjährigen Ärzte-Freunden Dr. Bärbel und Dr. Georg Heller, die als junge Mediziner beide selbst einmal in dieser Klinik gearbeitet hatten. Klaus sah gut aus, obwohl er keine feste Nahrung zu sich nehmen konnte, weil er alles sofort wieder erbrach, selbst Flüssiges. Als ich das bei einem Besuch einmal erlebte, dachte ich voller Mitleid: „Hoffentlich reißt dabei diese Titanklammer-Naht in seinem Darm nicht auf." Doch Georg und Bärbel gefiel das alles nicht, auch weil ihnen Klaus' aufgeblasener Bauch merkwürdig vorkam. Das sei normal, Klaus bekomme Antibiotika-Infusionen und der Darm müsse sich erst an die neue Situation gewöhnen, beruhigten uns die Schwestern und der Stationsarzt nach der Visite.

Am Dienstagabend, dem 30. Oktober, hatte Klaus mich nach meinem üblichen Besuch nachmittags gebeten, nicht zu spät heimzufahren, da es schon früh dunkel wurde und er auch nicht wollte, dass ich in die Rush-Hour käme. Um zehn Uhr abends rief er mich noch einmal an, um mir zu sagen, dass er sich besser fühle, aber sehr müde sei und deshalb den Fernseher ausschalten und gleich schlafen gehen wolle. **„Doch davor wollte ich dir noch sagen: Ich liebe dich so sehr und ich bin so stolz auf dich!"** Dies bezog sich sicher auf meine Autofahrerei, weil Klaus aus steter Sorge wegen meines kaputten Rückens es nicht mehr so gerne sah, wenn ich Auto fahren wollte. Deshalb war ich jetzt in der Tat auch etwas aus der Übung. Und so waren dies, ohne dass ich es auch nur im Leisesten geahnt hätte, die allerletzten Worte, die mein lieber Ehemann zu mir sagte.

Allerheiligen. Mittwoch, 1. November 2017. Als an diesem katholischen Feiertag morgens um acht Uhr das Telefon klingelte, dachte ich, es wäre mein Mann. „Guten Morgen, ich bin die Oberschwester der Station 10. Der Professor möchte, dass Sie sofort in die Klinik kommen, er möchte etwas mit Ihnen besprechen." „Um Himmels willen, was ist passiert?" „Ihr Mann muss noch einmal im Bauch operiert werden, bitte kommen Sie schnell."

Wie benommen raste ich förmlich mit dem Auto Richtung Frankfurt. In der Klinik angekommen, rannte ich zu dem überfüllten Lift und fuhr mit klopfendem Herzen hoch zur 10. Station. Dort nahm mich gleich ein junger Oberarzt in Empfang, ein Neurologe aus dem Iran, und führte mich in sein Sprechzimmer. „Der Professor ist mit Ihrem Mann bereits im OP." „Was ist passiert?" Behutsam erklärte der Neurologe, dass Klaus gegen vier Uhr morgens nach der Schwester geklingelt und über große Schmerzen im Bauch geklagt habe und auch seinen rechten Arm nicht habe bewegen können. Die sofort alarmierten Ärzte stellten ein Leck in der von Klammern zusammengehaltenen dünnhäutigen Darmwand fest, eine lebensgefährliche Situation, weil dabei die hochtoxische Darmflüssigkeit unkontrolliert in den Bauchraum sickert, was rapide zu einer Blutvergiftung führt. „Darüber hinaus haben die wegen der Lähmung im Arm zu Rate gezogenen Neurologen im MRT auch noch eine Thrombose im Gehirn festgestellt, nahe am Sprachzentrum." „Das heißt also: Schlaganfall?", fragte ich.

Den Stroke-Regeln folgend hätte man das Blutgerinnsel in Klaus' Gehirn sofort operativ entfernen und Blutverdünner injizieren müssen, erklärte mir der Arzt. Dies sei aber nicht möglich gewesen, da die unbedingt lebensnotwendige Priorität eine erneute Bauchoperation war, um das Leck in der gerissenen Darmwand zu stopfen. Mit den Blutverdünnern wäre mein Mann während der Bauch-OP sofort verblutet. Und die hochtoxischen Darmkeime hätten sich im gesamten Blutkreislauf ausgebreitet, mit der Gefahr einer akuten Sepsis. „Und was bedeutet der Schlaganfall jetzt für meinen Mann?", wollte ich wissen. Behutsam erklärte mir der Neurologe, dass Klaus' rechter Arm und sein rechtes Bein teilweise gelähmt seien und auch seine Sprache betroffen sei. „Aber man kann heute ja mit Logotherapie für die Patienten auch später noch sehr viel erreichen", versuchte er mich zu trösten.

In meiner Panik rief ich Bärbel und Georg Heller an, die sofort in die Klinik kamen und mit mir dort auf das Ergebnis der OP warteten. Als wir gegen Mittag hörten, dass Klaus erst in den Aufwachraum und danach wieder auf die Intensivstation kommen würde, drängten sie mich, nach Hause zu fahren und dort auf den Anruf der Klinik zu warten. Als ich gegen Abend immer noch nichts gehört hatte, rief ich auf der Chirurgischen Intensivstation an und erkundigte mich bei der diensthabenden Ärztin, ob mein Mann bei ihr auf der Station liege und ich ihn sprechen könne.

„Warten Sie, er ist vorhin gerade aufgewacht. Ich bringe ihm mein mobiles Telefon, damit Sie ein paar Worte mit ihm sprechen können." „Klaus", sagte ich dann zu ihm am Telefon, „alles ist gut, du musstest noch einmal operiert werden." Ich hörte nur ein hilfloses Krächzen und wusste sofort, dass mein Mann nicht mehr sprechen konnte. Mein Herz krampfte sich zusammen und meinen ganzen Mut aufbringend beruhigte ich ihn: „Ich weiß, du kannst jetzt nicht sprechen, das kommt von der Intubation, das geht wieder vorbei. Mach dir keine Sorgen – alles wird gut! Ich komme dich morgen früh gleich besuchen." Daheim angekommen rief ich sofort unsere Freundin Oberschwester Maria-Regina vom Ursulinenkloster an. Sie tröstete mich und sagte, alle würden bei der Heiligen Messe für Klaus beten, der Herr möge entscheiden, was das Beste für ihn sei. Und ich solle morgens, bevor ich zu ihm in die Klinik fahre, ein Fläschchen geweihtes Öl des berühmten, im Libanon hochverehrten heiligen Charbel Makhlouf bei ihr im Kloster abholen, um Klaus damit ein Kreuzzeichen auf die Stirn zu träufeln – heimlich, da man das wegen der Gefahr von Keimen auf einer Intensivstation eigentlich nicht tun dürfe.

Allerseelen. Donnerstag, 2. November 2017. Am nächsten Vormittag, dem Totengedenktag für uns Katholiken, fuhr ich mit dem Fläschchen geweihten Öls in die Klinik. Ich war vollkommen geistesabwesend. Doch mein Schutzengel saß mit am Lenkrad. Der Chefarzt der Intensivstation empfing mich sofort und erklärte mir, dass es meinem Mann sehr schlecht gehe. Eine Sepsis habe eingesetzt, die man mit Breitband-Antibiotika-Infusionen in den Griff zu bekommen versuche. Doch leider schreite das Organversagen rapide voran. Man würde jedoch alles tun. Als ich meinen Mann dann in seinem Bett auf der Intensivstation liegen sah, erkannte er mich sofort. Er drückte – trotz Atemmaske – immer wieder fest meine Hand. Ich streichelte sein Gesicht und tröpfelte ihm heimlich das geweihte Öl auf die Stirn, wobei ich ihm versicherte, dass im Kloster alle für ihn beten würden. Mittlerweile hatten die Ärzte mich darüber informiert, dass mein Mann halbseitig gelähmt sei und nicht mehr sprechen könne. Ich weiß nicht, wie lange die Ärzte mich an seinem Bett in der Intensivstation sitzen ließen. Ich verlor jedes Zeitgefühl, weil ich merkte, wie glücklich Klaus über meine Anwesenheit war und wie sehr sie ihn beruhigte. Zuhause angekommen, betete ich zu allen Engeln und Heiligen um Fürsprache bei Gott, dass Sein heiliger Wille geschehe – zum Besten meines lieben, treusorgenden Ehemannes, mit dem ich so viele glückliche gemeinsame Jahre verbracht hatte. Denn seine Liebsten so leiden zu sehen, ist das Schlimmste, was man sich vorstellen kann.

Der Abschied. Freitag, 3. November 2017. Und dann kam der 3. November. Wieder fuhr ich völlig geistesabwesend gegen Mittag in die Klinik. Die Ärztin dort kannte mich schon und stellte mir gleich einen Stuhl an Klaus' Bett. Stundenlang durfte ich bei ihm sitzen, während die Infusionen durch die Plastikschläuche tropften. Der leitende Professor der Chirurgischen Intensivstation hatte mich gleich wieder informiert, dass es meinem Mann extrem schlecht ginge. Er habe am Morgen bereits Herzflimmern gehabt und quasi reanimiert werden müssen. Die Sepsis mit totalem Organversagen schreite immer schneller voran, sodass man auf das Schlimmste vorbereitet sein müsse. Mein Mann, der immer noch voll orientiert war und alles verstand, was ich ihm sagte, versuchte immerzu, sich mit dem gesunden Arm die grüne Atemmaske von der Nase zu reißen. Mir brach es das Herz, ihn zu überzeugen, dass er die Maske zum Atmen unbedingt brauche. Immer wieder drückte er fest meine Hand, um mir zu signalisieren, wie glücklich er war, mich bei sich zu wissen. Gegen fünf Uhr bat eine Gruppe von Ärzten mich bei der Übergabe in den Vorraum. Sie teilten mir mit, dass sie meinem Mann – als letzte Überlebenschance – noch einmal den Bauch öffnen und eine Spülung machen müssten, in der Hoffnung, die rapide fortschreitende Blutvergiftung doch noch stoppen zu können. Es gebe nur wenig Hoffnung, aber der operierende Oberarzt, ein sehr sympathischer Bayer, der wohl mein Kettchen am Hals mit der

Medaille der Wunderbaren Madonna gesehen hatte, nahm mich liebevoll in den Arm und sagte: „Wir Christen haben doch immer Hoffnung, nicht wahr?"

Ein letzter liebevoller Abschied, bevor mein Ehemann auf einer Liege wieder in den Operationssaal gefahren wurde. Nach langem Warten und Beten klingelte um 21.03 Uhr bei mir zuhause das Telefon. Mit Tränen in der Stimme teilte mir dieser mitfühlende Chirurg mit, dass sie soeben meinen Mann verloren hätten. „Die Operation im Bauch sah gut aus, wir waren fast fertig und setzten die letzten Nähte – doch plötzlich hat sein Herz gekrampft und ist stehengeblieben. Da wussten auch wir, dass der Herr über Leben und Tod entschieden hat. In meinem Herzen ist November-wetter, weil wir Ihre Liebe gesehen haben. Wir Ärzte sind angetreten, um zu helfen, Leben zu retten, aber manchmal passieren in der Medizin Dinge mit einer solche Rasanz und Schnelligkeit, wie man sie im Me-dizinstudium nie gelehrt bekam. Und dann müssen wir hilflos erkennen, dass auch wir mit unserer Kunst nichts mehr für den Patienten tun können."

Ich bedankte mich bei ihm für alle Bemühungen um das Leben meines Mannes und sagte: „Der Herr hat in seiner Gnade entschieden, ihn heim zu sich in sein Reich zu holen. Mein Mann wollte NIE, NIE behin-dert sein und ich hatte ihm immer versprechen müs-sen, sollte er je in diese Situation kommen, es niemals zuzulassen. Und nun hat Gott es in seiner Liebe und Barmherzigkeit genauso für ihn gefügt! Muss ich jetzt nachts noch in die Klinik kommen?", fragte ich dann unter Tränen. „Ja, ich bitte Sie darum. Die Schwestern haben Ihren Mann bereits zurechtgemacht und wieder in sein Bett auf der Intensivstation gelegt. Und Sie können mich jederzeit anrufen, wenn Sie das Bedürfnis haben, noch weiter mit mir über seine Krankheit und die Operation zu sprechen."

Nach dem Gespräch rief ich Bärbel und Georg Heller an, die umgehend zu mir kamen, um mit mir in die Klinik zu fahren. Als wir dort in der kalt beleuchteten Eingangshalle ankamen und mit zugeschnürter Kehle mit dem Lift zur Intensivstation fuhren, kam ich mir vor wie in einem bösen Traum. Die Ärztin dort führte uns voll Mitgefühl sofort an Klaus' Bett. Er hatte eine weiße Halskrause und eine Decke über seinem Körper und lag da wie ein schlafender Junge – vollkommen erlöst. Ich drückte ein letztes Mal einen Kuss auf seine warme Wange, streichelte sein Gesicht und dankte ihm unter Tränen für all die wunderbaren gemeinsamen Jahre. „Wir sehen uns im Himmel wieder!", sagte ich zu ihm, „wenn meine Reise hier zu Ende ist." Nach einem gemeinsamen Gebet wollte ich noch ein Foto von meinem Mann machen. Aber Georg winkte sofort ab: „Warum willst du dir dies antun? Seine Seele ist nicht mehr da." Und heute bin ich dankbar, kein Foto gemacht zu haben, da mich die vielen schönen Fotos aus den letzten Jahren immer nur an die glücklichen, unbeschwerten Zeiten mit meinem guten Ehemann erinnern.

Auf der Heimfahrt sagte Georg zu mir: „Ingrid, der liebe Gott hat dir und Klaus viel erspart. So aktive Menschen wie Klaus, die plötzlich so behindert im Körper eingesperrt leben müssen, werden in der Regel erst depressiv und dann häufig aggressiv. Klaus hätte das niemals gewünscht und ausgehalten! Jetzt erinnern sich alle an ihn als den jugendlich-dynamischen Typen, der er immer war." Nachdem wir bei mir zuhause angekommen waren, fragte er: „Hast du eine Schlaftablette und einen Whiskey daheim?" Ich nickte. „Habe ich." „Sehr gut. Dann nimmst du jetzt eine Tablette mit einem ordentlichen Glas Whisky, damit du gut schlafen kannst, und morgen sehen wir weiter."

Bevor ich ins Bett ging, schickte ich noch eine Mail mit der traurigen Nachricht an Schwester Maria-Regina und an meine Familie in Wien, bevor ich Georgs ärztlichem Rat folgte und mir meinen abgrundtiefen Kummer und Schmerz erst einmal traumlos von der Seele schlief – unendlich dankbar, so gute Freunde zu haben.

Teil II

Ein Engel erscheint vor meiner Tür

Nie hatte ich mir vorstellen können, wie es sein würde, nach so einer Nacht plötzlich in der Realität aufzuwachen. Nie mehr würde jemand da sein, der einen morgens in den Arm nimmt, der aus dem Bad kommt und sagt: „Das Frühstück ist fertig!", während der vertraute Duft von Kaffee und warmen Brötchen aus der Küche schon die gewohnte Morgenzeremonie ankündigt. Nie mehr würde alles so sein, wie es war. NIE mehr!

Mir schossen Tränen in die Augen und ich weinte hemmungslos. Wo ist mein Mann jetzt? Lieber Gott, warum hast Du mir das angetan? In meinem Gehirn wirbelten die Gedanken durcheinander und ich fühlte mich so hilflos, als wäre ich kurz vorm Ertrinken. Niemals hatte ich gedacht, dass ich meinen Ehemann überleben würde – und schon gar nicht so völlig unvorbereitet. Ich hatte nicht die geringste Ahnung, was ich jetzt zuerst zu tun hatte. „Herr, hilf mir, bitte!", flehte ich verzweifelt zum lieben Gott: „Du weißt doch am besten, dass ich ohne Deine Hilfe NICHTS tun kann!"

Kurz darauf klingelte es. Meine treue Freundin Mechthild stand vor der Tür, nahm mich liebevoll in den Arm und sagte: „Dein Klaus ist jetzt im Himmel. Und ich bin jetzt hier, um dir zu helfen, alles Nötige an Papierkram und Formalitäten zu erledigen. Er soll doch einen würdigen Abschied bekommen." Sie war in der Morgenmesse im Kloster gewesen und hatte von Schwester Maria-Regina erfahren, was passiert war. Und so war dieser irdische Engel eine Woche lang täglich von morgens bis abends an meiner Seite. Bei den vielen Gesprächen mit dem Bestatter, der Auswahl einer perfekten Grabstätte für meinen Ehemann auf dem Friedhof, die für mich nicht zu weit zum Laufen und unter zwei schattigen Bäumen war – genauso wie Klaus sich das gewünscht hätte. Bei der Besichtigung leuchtete die Sonne durch die noch teils belaubten Bäume und aus den Ästen erhob sich ein lautes Vogelkonzert. „Hör mal, das klingt ja wie Schwalbengesang!", staunte Mechthild. Als wollten sie uns sagen, dass Klaus mit unserer Wahl der

Grabstätte unter ihren Bäumen einverstanden ist …
Stundenlang arbeiteten wir gemeinsam an der Konzeption der Drucksachen, von der Traueranzeige bis zum Foto und dem wunderschönen Text auf dem Gebetbildchen, für das Mechthild sich besonders viel Zeit nahm. Sie wählte dafür genau die passenden Worte aus, sie waren von Franz von Assisi: *Wer stirbt, erwacht zum ewigen Leben.* Meine Freundin hatte mir sogar einige Bögen weihnachtlicher Sondermarken von der Post mitgebracht, mit Kirchlein und Christbaum darauf, sodass ich die vielen Dutzend Briefe mit Traueranzeigen an Familie und Freunde in aller Welt bereits am Sonntag, dem 5. November, in den Briefkasten werfen konnte. Zu meinem größten Erstaunen passierte gleich an diesem Abend etwas Seltsames.

Da Mechthild und ich uns nach getaner Arbeit mit ihrem Ehemann Andreas und einem befreundeten Ehepaar zur Abendmesse in unserem Marienkirchlein verabredet hatten, checkte ich vorm Weggehen noch schnell meine E-Mails, denn ich wollte wissen, ob sich jemand aus unseren beiden Familien vielleicht schon für die Begräbnisfeierlichkeiten angemeldet hatte. Es waren jedoch keine Mails im Postfach. Wie für mich bestimmt, handelte das Evangelium des Tages in dieser Heiligen Messe ausgerechnet vom leeren Grab und der Auferstehung Jesu am dritten Tag. Als wir danach noch zusammen in einem italienischen

Restaurant aßen und von Klaus sprachen, sagte ich: „Wenn Klaus wirklich auch auferstanden ist, dann wird er versuchen, sich irgendwie bei mir zu melden, wie er es mir immer versprochen hat." Vielleicht in Träumen, wie damals meine Mutter kurz nach ihrem Tod, oder durch ein technisches Medium. Schließlich hat er sein Diplom an der Technischen Hochschule in Aachen mit einer Arbeit über Nachrichtentechnik gemacht. Also würde er in einer höherentwickelten geistigen Welt doch sicher gleich damit anfangen, dort die Möglichkeiten interdimensionaler Kommunikation zu erforschen, dachte ich. Als ich nach dem Essen heimkam, geschah dann etwas, was ich kaum glauben konnte. Ich ging noch einmal an meinen Laptop, um nachzusehen, ob inzwischen neue Mails von meiner Familie in meinem Postfach eingegangen waren. Ich öffnete das Mailprogramm und las dann völlig verblüfft und fassungslos Folgendes:

Mail von Klaus –
Datum vom 23. Oktober 2017 - 13:10:25
An Ingrid Malzahn
Betreff: Zimmer

Mein Zimmer Nr. 1050.1 mit Blick aus dem Fenster. (Daneben symbolisch eine kleine rote Rose.) - LOVE from Schnuffi

Darunter sah ich ein Bild von seinem Zimmer, mit einem leeren Krankenbett, zerknülltem Leintuch und Kissen darauf, mit Nachttischchen daneben und Tisch und Stuhl vor dem großen Glasfenster mit Blick auf den Fernsehturm und die Frankfurter Skyline.

„Schnuffi" war einer unserer Kosenamen! Als ich das Datum sah, war mir augenblicklich klar, dass Klaus mir das Foto an seinem ersten Tag im Krankenhaus geschickt haben musste. Denn danach lag er ja nur noch an Schläuchen im Bett. Aber wie war es möglich, dass diese Nachricht erst zwei Wochen später in meiner Mailbox auftauchte, obwohl ich diese täglich überprüft hatte? Und dann passte sie noch haargenau zum Evangelium des Tages von „Jesu leerem Grab" und Auferstehung. Irgendwie musste Klaus' Nachricht in der Zwischenzeit im Server hängengeblieben sein. Oder vielleicht hat der Himmel das alles so gefügt, zum Trost für mich? Ich leitete die Mail gleich an Familie und gute Freunde weiter und auch an unsere liebe Schwester Oberin vom Kloster. Jeder staunte, nur Schwester Maria-Regina sagte wie immer: „Ingrid, Gott fügt!"

Und genau das stellte ich in den folgenden Tagen öfter mit großer Dankbarkeit fest. Bei der verzweifelten Suche nach unserem Familienstammbuch und wichtigen Dokumenten in Klaus' Büro entdeckte ich in einer Schublade in einem kleinen Schmuckkästchen ein schwarz angelaufenes Kettchen mit zwei Anhängern. Ich nahm es heraus und überlegte: „Ist es das, was ich denke?" Ich lief damit in die Küche und legte das Kettchen in ein Silberbad. Und in der Tat: Es war das erste Geschenk, das Klaus mir in der Woche unseres Kennenlernens am 17.08.1974 gemacht hatte, und zwar, als wir die Möbelmesse in Frankfurt besuchten. Klaus, ganz neu in der Stadt, richtete gerade seine erste Wohnung dort ein und bat mich, ihm zu helfen, auf der Messe etwas dafür zu finden. Und weil es dort auch einen kleinen Stand mit Silberschmuck gab, schenkte Klaus mir spontan ein Kettchen mit einem Herzanhänger, in den er das Datum 17.08.1974 eingravieren ließ. Für uns war dies immer ein besonderer Tag, den wir alljährlich feierten. An dem Kettchen hing auch noch ein kleiner silberner Fisch, das Sternzeichen meines Ehemannes. Als ich das Kettchen nun aus dem Silberbad zog, glänzte es wie neu.

Klaus hatte damals auf der Messe zu mir gesagt: „Du bist so offenherzig, so vertrauensvoll. Das wird oft ausgenutzt und macht dich verletzlich. Das Kettchen soll dir sagen, dass ich dich ab jetzt immer gegen alles Böse in der Welt beschützen werde." Ich brach in Tränen aus und konnte gar nicht fassen, dass mir dieses Geschenk nach so vielen Jahren gerade jetzt in meiner Trauer wieder in die Hände fiel! So als wollte es mir sagen: He, ich bin doch hier! Und passe weiter auf dich auf!

Am selben Tag entdeckte ich in Klaus' Büro auf einem verstaubten kleinen Acrylregal an der Seitenwand auch noch eine kleine, rot bemalte Bärenfigur aus Holz, mit einer goldenen Halskrause – offensichtlich ein alter handgeschnitzter Christbaumanhänger. Darunter lag wie ein kleines Briefchen gefaltet ein Zettel, der mit goldenen Sternchen zusammengeklebt worden war. Ich öffnete es – und las voller Staunen und unter Tränen meinen Lieblingsliedtext von Dietrich Bonhoeffer: *Von guten Mächten wunderbar geborgen, erwarten wir getrost, was kommen mag. Gott ist bei uns am Abend und am Morgen und ganz gewiss an jedem neuen Tag.* Das konnte doch nicht alles nur Zufall sein! Tag für Tag spürte ich, wie die „wunderbaren Mächte" und Gott bei mir waren und mir halfen.

Kurz nach Klaus' Tod hatte ich auch unseren netten Betreuer im VW-Autohaus hier angerufen und ihn gefragt, ob er mir helfen könne, Klaus' Tiguan noch vor dem Jahresende zu verkaufen. Schließlich wollte ich meinen Golf beim ersten Schnee in die Garage stellen können. Bereits am nächsten Tag holten Mitarbeiter der Firma das Auto und meldeten es bei der Zulassungsstelle ab, um mir weitere Kosten zu ersparen. Und wie durch ein himmlisches Wunder wurde der Wagen innerhalb von drei Tagen an einen Kunden in Bayern verkauft, der genau dieses Modell gesucht hatte. Selbst meine Nachbarn und Freunde staunten nicht schlecht über den raschen Erfolg.

Weil ich so viel telefonieren musste und außerdem die Grippewelle grassierte, hatte ich zu diesem Zeitpunkt fast völlig meine Stimme verloren. Während ich wie ein stimmloser Automat weiter funktionierte, arbeitete Mechthild täglich Punkt für Punkt mit mir ab, was noch alles für Klaus' Begräbnis zu erledigen war. „Wir brauchen auch noch ein schönes großes Foto von Klaus, für die Kirche!", erinnerte sie mich immer wieder. Ich hatte zwar ein bestimmtes Foto meines Ehemannes im Kopf, das einmal bei einem offiziellen Termin aufgenommen worden war, aber keine Ahnung, wie und wo ich es finden konnte. Gegen Mitternacht, schon im Bett, redete ich wieder einmal, stimmlos, mit meinem Ehemann: „Klaus, bitte hilf mir doch! Wo bitte finde ich dieses Foto?" Einem Impuls folgend ging ich beinahe schlafwandlerisch in unser Gästezimmer, öffnete meinen Sekretär und griff spontan in eine Box mit Glückwunschkarten für diverse Anlässe hinein. Und was zog ich heraus? Genau das Foto von Klaus, das ich suchte. Mittlerweile schien es mir ganz normal, mit dem Himmel oder wem auch immer zu reden, und sagte laut: „Danke, lieber Gott, danke, liebe Schutzengel, danke, lieber Klaus!" Erleichtert fiel ich ins Bett, mit dem Gebet, dass die guten Mächte und der Herr bitte auch am nächsten Tag wieder bei mir sein mögen.

Schwester Maria-Regina, für die Klaus wie ein Sohn gewesen war, hatte mir gleich nach seinem Tod mitgeteilt, dass das Requiem für ihn in der Kirche des Ursulinenklosters zelebriert werden könne. Sie hatte den Termin dafür bereits festgelegt: Samstag, der 11.11.2017, also am Festtag des heiligen Martin. Das einzige Problem war, dass wir noch keinen Priester gefunden hatten. Unser Gemeindepfarrer war kurz vor Klaus' Tod versetzt worden, der nette polnische Hauspfarrer im Kloster war gerade für die Hilfsorganisation „Kirche in Not" in Syrien unterwegs und auch sonst hatte kein einziger Priester im ganzen Bistum, den wir persönlich kannten, an diesem Samstag Zeit. Ich wurde langsam nervös. „Gott sorgt!", sagte die Schwester Oberin aber, wenn ich mal wieder meine Bedenken bei ihr anmeldete. Doch die Zeit wurde immer knapper.

Glaube ist, an das zu glauben,
was man bis dahin nicht sehen kann.
Belohnung dafür ist,
das zu sehen, was man glaubt.
Augustinus

Der Herr schickt seinen guten Hirten aus Mexiko

Drei Tage vor dem geplanten und auch in der Lokalzeitung veröffentlichten Termin rief ich also wieder fast panisch im Kloster an. „Schwester Maria-Regina?" „Ingrid, beruhige dich, der Herr schickt schon jemanden … Da fällt mir gerade ein: Wo steckt eigentlich Pater Bennet?" „Pater Bennet? Keine Ahnung." Da seine Zeit immer knapp bemessen war, hätte ich nie gedacht, dass er Klaus' Requiem zelebrieren könnte. Aber hätte Klaus die Wahl gehabt, wäre Pater Bennet garantiert sein Favorit gewesen.

Wie ich später von Pater Carlos erfuhr, rief Schwester Maria-Regina ihn gleich nach unserem Telefonat an und fragte resolut: „Wo ist Pater Bennet?" „In Mexiko, auf einem Einsatz für *Medical Mission Network* – mitten im Dschungel", erklärte Pater Carlos verwundert. „Wann fliegt er zurück? Und wie kann ich ihn erreichen?", erkundigte sich unsere Oberin weiter. „Ich glaube, morgen Abend!" Pater Carlos gab ihr Pater Bennets Handynummer. Sie rief ihn sofort in Mexiko an und als sie ihn erreichte, war er gerade in einem Maya-Dorf im Dschungel. Sie erklärte ihm die Situation und warum wir ihn dringend für Samstag, den 11. November, als Zelebrant für die Trauerfeier meines Ehemannes, der unerwartet während einer Operation gestorben war, brauchten.

Zwei Tage vor dem Termin teilte Schwester Maria-Regina mir abends telefonisch mit, dass Pater Bennet mich bat, am nächsten Morgen kurz im Kloster vorbeizukommen, um noch Einiges mit mir zu besprechen. Als er mich im Sprechzimmer zur Begrüßung gleich tröstend in die Arme nahm, dachte ich nur: „Alles wird gut. Alles geschieht nach Gottes Plan." Wir nahmen Platz und Pater Bennet entschuldigte sich dafür, dass er noch etwas unter Jetlag leide und übermüdet sei. Für die Trauerfeier am Samstag wollte er jedoch gern noch mehr über Klaus und die Umstände seines plötzlichen Todes erfahren. Ich berichtete ihm unter Tränen, was alles passiert war, und er bat mich, ihm zur Vorbereitung für die Predigt noch einen kurzen schriftlichen Lebenslauf meines Ehemannes vorbeizubringen. „Ingrid, ich werde die Heilige Messe nicht zu einer Trauerfeier machen, sondern zu einer Auferstehungsfeier", tröstete er mich warmherzig. „Denn Klaus ist jetzt ganz gewiss am Tisch des Herrn beim himmlischen Festmahl und das ist für alle ein Grund zur Freude." „Danke, lieber Gott, dass Du Pater Bennet geschickt hast", dachte ich wieder, „danke von ganzem Herzen."

Inzwischen war auch meine Familie aus Wien angereist, mein Bruder Herbert mit Helga und seine Tochter Lisbeth, zu der ich ein sehr enges Verhältnis habe. Auch aus Klaus' Familie kamen Neffen und Nichten. Dennoch blieb es bei einem kleinen Kreis, da unsere Eltern und alle Verwandten aus deren Generation schon verstorben waren. Aber die große Klosterkirche St. Angela füllte sich bis zum Beginn der Feier fast vollständig und ich kam im Foyer mit der Begrüßung der Trauergäste kaum nach. So zahlreich waren unsere lieben Nachbarn, Freunde, darunter viele Rotarier, Patenkinder, Geschäftsleute und alte Bekannte gekommen, um sich von Klaus zu verabschieden.

Ich saß zwischen meiner Familie in der ersten Bankreihe, wo vor dem Altar Klaus' schlichter Sarg stand, bedeckt mit liebevoll dekorierten Rosengestecken in Weiß und seiner Lieblingsfarbe Zartrosa. Der Sarg war nicht weit entfernt von der Madonnen-Statue, die so oft unsere Gebete gehört und erhört hatte. Dass wir ein halbes Jahr vor Klaus' Tod noch die Muttergottes in Fatima besucht und das Weihegebet an sie gesprochen hatten, tröstete mich. Deshalb war ich mir sicher, dass unsere himmlische Mutter Klaus im Jenseits gleich liebevoll empfangen und unter ihren

weiten Schutzmantel genommen hat. Als dann beim
feierlichen Einzug von Pater Bennet und Pater Carlos in violetten liturgischen Gewändern Orgelmusik erklang, liefen mir dennoch die Tränen über die
Wangen und ich fragte mich, ob Klaus' Seele nicht
vielleicht doch in der Kirche anwesend war und er
alles wahrnehmen konnte. Ähnliches war doch schon
in vielen Büchern über Nahtoderlebnisse berichtet
worden. Wie glücklich wäre er zu sehen, wie beliebt
er gewesen sein muss, weil so viele Freunde und Bekannte gekommen waren, um ihm ein letztes Mal
„Leb wohl" zu sagen.

Als Pater Bennet mit seiner Predigt begann, waren
alle Augen auf ihn gerichtet. Viele hatten schon gehört, wie berührend er predigen konnte, und seine
Worte lösten auch diesmal bei fast allen Besuchern
Ergriffenheit aus. Da einige den Text nachlesen wollten, bat ich Pater Bennet um eine Kopie. Er erlaubte
mir, seine Predigt im Wortlaut hier zu veröffentlichen.

Predigt für Klaus von P. Dr. Bennet Tierney

*Ich werde keine lange Rede über einen Menschen halten,
der reich an Tugenden war. Das hat übrigens seine Frau
Ingrid so wunderbar geschrieben und mir gestern Morgen gegeben. Das Anliegen von Klaus aber ist ein ganz
anderes. Deswegen werde ich keine Worte darüber verlieren, wie gut er war, das wissen wir alle. Und was er*

getan hat, das wissen wir alle. Liebe Ingrid, was du hier geschrieben hast, hat mich tief berührt. Ich zitiere: Der tiefe Glaube, dass die Liebe ewig währt und verbindet und unsere Lieben nicht tot sind, sondern im Unsichtbaren weiterleben, uns nahe sind, finde ich, ist in meinem Schmerz der größte Trost – wunderbare Worte. Und jetzt könnte ich mich hinsetzen, das wäre genug. Meine lieben Freunde, diese Heilige Messe für Klaus Malzahn ist eigentlich nur für ihn, er ist schon da, wo er sein soll. Sie ist auch für seine Frau Ingrid, diese Heilige Messe, die ihn 42 Jahre lang treu begleitet hat, und für euch alle. Er hat euch Freunde genannt. Wir feiern diese Heilige Messe für alle, die schon jetzt vergessen sind, auch in unserer Erinnerung. Und alle, die wir nicht einmal kannten. Wir feiern sie für alle, für jene, die im Alter gestorben sind, und auch für alle, die jung starben. Ja, diese Heilige Messe ist sicher für Klaus, aber auch für alle, an die wir uns voll Liebe erinnern, und jene, deren Namen wir vergessen haben, deren Angesicht aber von Gott geschaffen ist und die er niemals, niemals vergisst. Es sind diese Gesichter, die er voll Zufriedenheit anschaut, an einem nie endenden Morgen. Diese Heilige Messe ist für alle, wir feiern sie nicht, um alte Wunden zu öffnen, sondern um sie zu heilen. Die beste Heilung, die es geben kann. Und nein, diese Heilige Messe ist nicht für die Toten. Diese Messe ist für die Lebenden. Entschuldigung, für die Liebenden auch, aber vor allem für die Lebenden. Denn unsere Lieben sind nicht tot, kein Einziger davon. Sie sind uns nur vorausgegangen. Diese

*Heilige Messe feiern wir für alle, die noch weggehen wer-
den, für jeden von uns. Sie waren, was wir sind. Was sie
sind, werden wir sein. Und das ist nicht eine Warnung,
das ist nicht etwas Böses oder ein Versprechen, nein, für
uns Gläubige ist das unsere größte Hoffnung. Wir streben danach. Und nein, diese Heilige Messe ist nicht für
traurige Mienen und lange Gesichter. Diese Messe soll
uns daran erinnern, woher wir wirklich kommen, wo
wir stehen und wohin wir in Wirklichkeit gehen. Was
bin ich, wohin gehe ich, was bedeutet meine Existenz?
Sie soll uns an die Realität erinnern und diese Realität
ist für alle, die wirklich glauben. Voller Hoffnung, voller Sicherheit, Optimismus, sie ist erfüllt, mit dem auf-
richtigen und ehrlichen Wunsch, dieses Leben wirklich
lebenswert zu machen, zu einer Lebensversicherung für
das kommende Leben. Der Grund dafür ist einfach, wir
alle glauben an Gott. So weit, so gut. Gott ist per Defini-
tion allmächtig. Er kann alles, er kann Leprakranke heilen, er kann die Sünden vergeben, er kann dafür sorgen,
dass Gelähmte auf die Beine springen, er kann ein Herz
aus Stein in ein Herz voller Liebe verwandeln. Er kann
die Toten auferwecken. Und das hat er schon bewiesen,
Jesus Christus wurde Mensch, weil er uns alle liebt. Und
als er am Kreuz starb, tat er das, um uns zu erlösen und
das ewige Leben für uns zu gewinnen. Das war seine
Aufgabe, er hat sie vollkommen erfüllt. Unsere Aufgabe
ist es, in dieses ewige Leben zu gelangen, und das ist das
Einzige, meine lieben Freunde, es ist das Einzige, was
wirklich Freude bereitet. Wo sind die alle, was tun sie?*

Eines ist sicher, sie sind nicht hier. Sicher ist auch, dass sie nicht auf irgendeinem Friedhof sind. Niemand lebt in einem Grab, niemand! Und wenn Klaus jemals in seinem Leben gelacht hat, das hat er oft, ja, dann gerade jetzt, über jedes traurige Gesicht. Mitten in unserer legitimen Trauer und unserem Schmerz möchten wir die Worte unseres besten Freundes und Retters Jesus Christus, unseres Schöpfers und Erlösers, wie die süßeste Melodie an unser Ohr dringen lassen: „Ich bin die Auferstehung und das Leben. Wer an mich glaubt, wird das ewige Leben erlangen. Es ist für einen Menschen völlig unmöglich zu sterben. Kein Mensch kann für immer sterben, niemand. Wenn ein Mensch einen anderen liebt, möchte er das Beste für den Geliebten. Wahr oder nicht wahr? Warum? Man wünscht nichts mehr für den Geliebten, als dass er glücklich ist. Wahr oder nicht wahr? So wahr! Und wenn die Geliebte wirklich wahrhaft glücklich ist, ist der Liebende ebenfalls glücklich. Wahr oder nicht wahr? Was sollen wir also empfinden? Wenn unsere Lieben sich eines Glückes erfreuen, das weit hinausreicht über unsere größten Vorstellungen von Glück in dieser Welt. Was sollen wir empfinden, wenn unsere Lieben ein Glück besitzen, das der Geist nie verstanden hat, das die Ohren nie gehört haben, das unsere menschlichen Gefühle nie gespürt haben. Ein Glück, das niemals abnehmen noch vergehen kann, das die Fülle selbst ist, das ewig ist. Sollen wir traurig sein, arrogant, gleichgültig oder stoisch? Voller nostalgischer Erinnerungen im leeren Herzen, oder sollen wir sogar im unvermeidlichen

Schmerz eines Abschieds eine aufrichtige innere Freude und Frieden haben? Nein, seien wir nicht eifersüchtig auf unsere Lieben. Halten wir uns vor Augen, dass sie nicht für immer von uns gegangen sind, nur vor uns. Der Tod existiert nicht. Der Tod starb am Ostersonntag. Jesus Christus hat ihn besiegt. Kein Mensch kann jemals aufhören zu leben. Wir alle gehen in eine Richtung, ohne mögliche Umkehr Richtung Himmel. Und das erfreut das Herz jedes echt Gläubigen, das fest im Glauben steht und lebt. Wir sind alle auf dieser Reise und das einzig Wichtige auf dieser Fahrt ist es, das Ziel zu erreichen. Das gibt der Reise ihren letzten Sinn. Sie waren, was wir sind, was sie sind, werden wir sein. Empfehlen wir uns allen Heiligen an, die von uns gegangen sind, empfehlen wir uns Maria an, unserer Mutter, der Königin des Friedens und der Freiheit, und leben wir unsere Tage in Fülle, bleiben wir immer auf dem wahren und sicheren Weg der klaren Freundschaft mit Jesus. Als dankbare Freunde Christi, desjenigen, der alles gegeben hat, um unsere ewige Freundschaft mit ihm zu sichern. So werden wir erkennen, wo wir jetzt sind, dort waren sie, und wir hoffen, eines Tages dort zu sein, wo sie jetzt sind. In ihrem Text hat Ingrid den heiligen Augustinus zitiert, er sagte: Wenn Gott uns heim ruft, ist unserer Seele höchster Feiertag. Ja, weil wir zu dem zurückkommen, der uns am meisten liebt. Klaus, wenn du uns jetzt hörst, wir wünschen dir das Allerbeste, wir freuen uns für dich. Wir wünschen dir das Allerbeste, jetzt für deine ewige wunderbare und liebevolle Begegnung mit Jesus

Christus. Im Namen des Vaters und des Sohnes und des Heiligen Geistes. Amen.

Pater Bennets Predigt schenkte mir wie auch vielen unserer Freunde, darunter auch etliche Mediziner, viel tröstliche Erkenntnis zum Thema Sterben und Tod, ein Thema, das in unserer Gesellschaft häufig ausgeklammert wird und ein Tabu ist. Auch meine langjährige Freundin Maren war zu der Heiligen Messe gekommen. Sie hatte mir Klaus vor Jahrzehnten bei einer Geburtstagsfeier vorgestellt und ihr Ehemann war zwei Monate vor ihm nach langer schwerer Krankheit ebenfalls gestorben. Als sie diese Predigt gehört habe, gestand sie mir, habe sie zum ersten Mal überhaupt weinen und Trost und Hoffnung empfinden können – so versteinert sei sie vorher gewesen. Zwei Sängerinnen trugen Franz Schuberts *Ave Maria* vor, und als mit Dietrich Bonhoeffers Lied „*Von guten Mächten wunderbar geborgen*" diese festliche Auferstehungsfeier für Klaus zu Ende ging, dachte ich, unter Tränen, dass dieser Abschied für uns alle nicht schöner und tröstlicher hätte sein können.

Erst später erfuhr ich von Pater Carlos, dass Pater Bennet mit Fieber und einer äußerst schmerzhaften gebrochenen Rippe aus Mexiko zurückgekommen war, was er sich aber bei der Heiligen Messe für Klaus keinen Moment anmerken ließ.

Klaus' Beisetzung fand am 24. November, zwei Tage vor meinem Geburtstag, statt. Pater Vijay, ein damals erst seit kurzem in unsere Pfarrei berufener junger indischer Priester, gestaltete diese Zeremonie in kleinem Kreis ebenfalls sehr würdevoll und feierlich. Danach versorgte er mich noch einige Zeit rührend mit selbstgekochtem indischem Essen, denn er fürchtete, ich würde sonst verhungern, weil ich vor Kummer schon zu viel abgenommen hätte.

Man kann den Wert einer Freundschaft
an ihren Blättern, Blüten und Früchten erkennen.
Eine wahre Freundschaft ist gerade, aufrichtig,
offen: Sie ist nicht stolz, nicht kompliziert.
Hl. Franz von Sales

Vom Wert wahrer Freundschaft

Obwohl Freunde mich gewarnt hatten, dass sich nach dem Tod meines Ehemannes sicher einige Leute zurückziehen würden, habe ich diese Erfahrung bis heute nicht gemacht. Im Gegenteil, es war, als hätten der Heilige Geist oder unsere Schutzengel alle und jeden um mich herum motiviert, mir zu helfen: Neben Mechthild und meiner alten Freundin Maren allen voran auch Margot und Berthold, unsere langjährigen Nachbarn im Haus, mit denen wir uns immer gut verstanden haben. Ohne Bertholds und Margots Fürsorge und Liebe und Bertholds geduldige Hilfe in akuten Notlagen wäre ich niemals richtig im digitalen Zeitalter angekommen. Dank ihm habe ich nun solide Online-Banking-Kenntnisse. Auch unsere jungen Nachbarn im Haus gegenüber, die ein Jahr vor Klaus' Tod eingezogen waren, kümmerten sich rührend um mich: Doris war immer für mich da, als ich selbst eine Zeitlang im Krankenhaus verbringen musste, und

Carsten, ein promovierter Mediziner und Direktor einer Firma für Medizinbedarf, half mir bei Problemen mit Klaus' Kreditkarten, Krankenkassenabrechnungen, Versicherungen, mit meinem Auto oder der Technik. Mir kam es vor, als hätte mir der Himmel diese hilfsbereite junge Familie mit ihren liebevollen Kindern, zwei kleinen Mädchen, punktgenau nach Plan geschickt – weil im Himmel schon feststand, dass Klaus' irdisches Leben bald enden würde. Vielleicht war dort auch bekannt, dass ich in der heutigen hochtechnisierten Welt im Grunde „lebensunfähig" bin, wie Klaus mir oft sagte, und ich von ihm wenig für diese Aufgaben, die er mir immer abgenommen hatte, vorbereitet worden war. Und ohne die Hilfe vieler befreundeter Ärzte hätte ich mich während meines Krankenhausaufenthalts, etwa ein Jahr nach Klaus' Tod, wohl selbst aufgegeben. Ich kann ihnen allen für ihre fürsorgliche Betreuung nur durch meine Gebete danken: unseren Orthopäden Bärbel und Georg und meiner stets so hilfsbereiten Orthopädin und Freundin Dr. Viera, genauso wie dem warmherzigen griechischen Kardiologen-Ehepaar Kiriaki und Kiriakos, deren Bemühungen um meine Herzfunktion nach einer akuten Hüftoperation im Krankenhaus ich meine lebensrettenden Stents verdanke. Und noch vielen anderen treuen Freunden, die in diesen „dunklen Tagen" immer für mich da waren und mir Mut gemacht haben.

Mindestens genauso wichtig für mein Heil-Werden waren aber meine regelmäßigen Besuche der Heiligen Messe und die liebevolle geistliche Hilfe und Unterstützung der Ursulinenschwestern und der im Kloster St. Angela wohnenden Priester. Neben Pater Bennet und Pater Carlos war auch der Hausgeistliche Dr. Andrzej Halemba immer für mich da. Dieser war schon seit 2006 für das weltweite päpstliche Hilfswerk *Kirche in Not* erst missionarisch in Afrika unterwegs und später als Projekt-Referent für den Aufbau der christlichen Kirchen und Kathedralen in Syrien, vor allem in Aleppo, zuständig. Wie harmonisch die drei christlichen Kirchen – die armenisch-katholische, die maronitische und die syrisch-katholische – gerade in Aleppo vor dem Krieg mit den muslimischen Geistlichen zusammengearbeitet haben, davon hatten Klaus und ich uns selbst ein Bild machen können. Ein Jahr vor Beginn des Krieges hatten wir nämlich eine Reise durch Syrien unternommen, die ein aus Aleppo stammender, muslimischer rotarischer Freund, ein Mediziner, organisiert hatte.

Die Ordensschwestern im Kloster St. Angela durchlebten in den beiden Jahren nach Klaus' Tod selbst eine schwierige Zeit. Da die Gemeinschaft überaltert war und keine geeignete Nachfolgerin für die Leitung bereitstand, beschlossen die Ordensoberen die Schließung des Klosters. Sie sahen in Deutschland keine Zukunft mehr für den Orden, der von der heiligen Angela Merici gegründet worden war. Doch die Freundschaft, Güte und Anteilnahme der Schwestern nach Klaus' Tod führten dazu, dass ich das Kloster als einen sicheren Hafen in aufgewühlter See empfand. Wenn man plötzlich von jemandem getrennt wird, mit dem man so viele glückliche gemeinsame Jahre verheiratet war, hinterlässt das ein unbeschreibliches Vakuum, wie ein schwarzes Loch. Auch ich fragte mich oft, was für einen Sinn ein solches Leben als Witwe überhaupt noch hat. Mechthild tröstete mich damit, dass Witwen als lebendige Zeugen für die Liebe Gottes doch auch in den biblischen Erzählungen oft eine große Rolle spielten, weil sie das Licht des Glaubens weitertrugen. „Na, dann", dachte ich, brach aber während der Heiligen Messe trotzdem oft noch in Tränen aus, wenn ich nur den Ausdruck „Lamm Gottes" hörte – so hatte Johannes der Täufer Jesus prophetisch genannt. Doch ich musste daran denken, dass Klaus wie ein Opferlamm am OP-Tisch starb, und machte mir immer noch große Vorwürfe, weil wir nicht im Vorfeld noch eine zweite Expertenmeinung eingeholt oder eine offene Bauchoperation in Betracht gezogen hatten, bei der die Gefahr einer Sepsis geringer gewesen wäre.

Eines Sonntags, als Dr. Halemba wie immer am Ende der Heiligen Messe noch einen schönen und inspirierenden Text vorlas und ich wieder gegen die Tränen ankämpfte, hörte ich zum ersten Mal das Gebet des berühmten, vom anglikanischen zum katholischen Glauben konvertierten Kardinals John Henry Newman, der 2019 von Papst Franziskus heiliggesprochen wurde. Dieser sein mir zu Herzen gehender Text leuchtete wie ein Lichtstrahl in das Dunkel meiner Selbstvorwürfe hinein.

Gebet von Kardinal John Henry Newman

O Herr, ich gebe mich ganz in deine Hände. Mache mit mir, was du willst. Du hast mich für dich geschaffen. Ich will nicht mehr an mich selber denken. Ich will dir folgen. Was willst du, das ich tun soll? Geh deinen eigenen Weg mit mir. Was du auch forderst, ich will es tun. Ich opfere dir die Wünsche, die Vergnügungen, die Schwächen, die Pläne, die Meinungen, die mich von dir fernhalten und mich auf mich selbst zurückwerfen. Mache mit mir, was du willst. Ich feilsche um nichts. Ich suche nicht im Voraus zu erkunden, was du vorhast. Ich will all das, wozu du mich machen willst. Ich sage nicht: Ich will dir folgen, wohin du gehst, denn ich bin schwach. Aber ich gebe mich dir, dass du mich führst, gleich wohin. Ich will dir im Dunkel folgen und bitte nur um Kraft für einen Tag. Oh Gott, du bist so wundervoll bei mir gewesen alle Tage meines Lebens. Du wirst mich auch ferner nicht verlassen. Ich weiß es, obschon ich keine Rechte vor dir habe. Lass mich meinen Weg nicht gehen, ohne an dich zu denken. Lass mich alles vor dein Angesicht tragen, um dein Ja zu erfragen bei jedem Wollen und deinen Segen für jedes Tun. Wie die

Sonnenuhr von der Sonne, so will ich allein bestimmt sein von dir. So sei es, mein Herr Jesus Christus. Ich gebe mich dir ganz.

Als ich nach der Messe Dr. Halemba um den Text bat, nahm er mich tröstend in den Arm, wohl stellvertretend für den unsichtbaren dreifaltigen Gott und liebenden Vater. Ja, dachte ich, haben wir nicht wirklich in seinem Sohn Jesus Christus einen persönlichen Gott, mit Namen und menschlichem Antlitz, der aus Liebe zu uns starb, uns aber sein immerwährendes weiteres „Für-uns-da-Sein" durch seinen Heiligen Geist zugesagt hat? Und hat dieser unsichtbare Gott, der nicht in einem fernen Paralleluniversum lebt, sondern mitten unter uns, vielleicht auch einen rettenden Weg und Plan zu meinem Besten vorgesehen, wenn ich mich nur vertrauensvoll und geduldig von ihm bestimmen lasse, wie die Sonnenuhr von der Sonne, und ihn zu seiner Zeit handeln lasse? Dass Pater Bennet genau zur richtigen Zeit für Klaus' Requiem aus Mexiko zurückgekommen war und ich im Kloster den schönen Text von Kardinal Newman hörte, war das nicht auch eine Fügung, ein Zeichen Gottes? Also fing ich an, dieses Gebet jeden Morgen zu beten, darauf hoffend, dass Gott mir den mir zugedachten Weg schon offenbaren würde, sobald die Zeit reif wäre.

Vertrauen wir unsere guten Wünsche Gott an und seien wir nicht in Sorge, ob sie fruchtbar werden, denn der uns die Blüte des Wunsches verliehen hat, wird uns auch die Frucht der Erfüllung schenken.

Hl. Franz von Sales

Gott zeigt mir den rechten Weg

Schon länger besaß ich eine CD von Pater Bennet. Er hatte diese vor einigen Jahren für *Medical Mission Network* aufgenommen, der Erlös ging an das Projekt. Damals war er mit einem Ärzteteam in Ghana, und der Andrang war so groß, dass er sich völlig machtlos fühlte. Denn er wusste, dass nicht allen kranken Menschen, die voller Hoffnung waren, geholfen werden konnte. Mit der Frage „Gott, wo bist Du?" lief er durch den dichten Wald, bis ihm, an einer Brücke über einen Fluss, klar und deutlich der Gedanke kam, dass diese Brücke Christus ist und alle unsere Schwierigkeiten niemals größer sind als Seine Liebe. Und: Dass immer Er es ist, der mit uns durch dick und dünn geht und hilft – Er, der Eine!

In der ersten Trauerzeit habe ich mir das von Pater Bennet getextete und komponierte Lied „*You are the*

One" immer wieder unter Tränen angehört, genauso wie das Lied „Requiem", das von einem anonymen Dichter stammt und von einem gefallenen Soldaten handelt, der seine Freunde bittet, nicht um ihn zu trauern. Besonders berührt hat mich das berühmte, der Madonna von Guadalupe gewidmete Lied „Virgen Morenita" von Jorge Antonio Cafrune, einem der beliebtesten argentinischen Folklore-Sänger. Seit ich Paul Baddes faszinierendes Buch über das Erscheinen der Jungfrau in Mexiko und das nicht von Menschenhand gemachte Bild von ihr gelesen hatte, träumte ich davon, selbst einmal die Jungfrau von Guadalupe in ihrer Basilika in Mexiko-Stadt besuchen zu können. Eines Tages, als ich mir Pater Bennets CD wieder aus dem Regal holte und das kleine beigefügte Textbüchlein betrachtete, fiel mein Blick auf folgende Worte von Papst Benedikt XVI.: „Gehen wir miteinander … halten wir zusammen, dann finden wir den rechten Weg."[2]

Ja, genau das war es, dachte ich, Gott zeigt mir den rechten Weg. Plötzlich kam mir der Gedanke: Aus Dankbarkeit für die vielen guten Tage in meiner langen Ehe muss ich jetzt etwas für andere tun! In dieser schmerzlichen Zeit fühlte ich mich immer mehr zu den Zielen und Apostolaten der Laienbewegung „Regnum Christi" hingezogen, deren Ziel es ist, Gottes

---

[2] Quelle einfügen (Audienz für deutsche Pilger am 25. April 2005)

Reich auf Erden errichten zu helfen. Auch *Medical Mission Network* gehörte zu diesen Apostolaten, und mit dem Anspruch dieses Projekts, dass die Botschaft der christlichen Nächstenliebe für seine Arbeit grundlegend sein müsse, konnte ich mich identifizieren.

„Gute Manieren sind am Beginn aller Heiligkeit", hat der berühmte Fürstbischof von Genf, Ordensgründer, Mystiker und Kirchenlehrer Franz von Sales (1567–1622), ein Vorbild der Sanftmut, seine Schüler gelehrt. Dieses Credo trifft auch für die international ausgebildeten Priester der Legionäre Christi, die ich bisher kennen lernen durfte, vollkommen zu. Sie alle streben nach Heiligkeit, nehmen sich Jesus zum Vorbild, sind voller Liebe und allen Menschen zugewandt, besonders den Armen, Ausgegrenzten, Verwundeten. Sie möchten den Glauben an Christus, als König der grenzenlosen Liebe und Stärke, in den Familien, am Arbeitsplatz und in der Gesellschaft vergegenwärtigen und vertiefen helfen. In ihrer Jugendarbeit bemühen sie sich um Katechese und Herzensbildung, moralische Werte, Wertschätzung für die Familie und Gemeinschaft. Jugendliche gegen die Verlockungen falsch verstandener Freiheit durch Ideologien wie Relativismus, Individualismus, Egoismus und Narzissmus zu wappnen, ist den Legionären Christi, wie ich feststellte, ein echtes Herzensanliegen. Und dies alles in einer Zeit, in der die Kongregation der Legionäre Christi selbst mit großen Anfechtungen zu kämpfen hatte, vor allem auch wegen der erschreckenden Sexualverbrechen ihres mexikanischen Gründers Marcial Maciel Degollado (1920–2008). Erst ein schonungsloser Revisionsprozess ermöglichte dem Orden und seinen Zweigen einen kompletten Neubeginn. Das führte dazu, dass schließlich am 15. September 2019 die neue Regnum-Christi-Föderation mit eigenen Statuten und einer eigenen Leitungsstruktur von Papst Franziskus offiziell approbiert wurde. Die Föderation bilden die Kongregation der Legionäre Christi, die Gott geweihten Männer und Frauen, jeweils als Gesellschaft apostolischen Lebens, gemeinsam mit den assoziierten Laien. Eine alle sechs Jahre in Rom einberufene Generalversammlung sorgt dafür, dass alle Belange geregelt und Beschlüsse für die Zukunft gefasst werden, auch damit sich im Orden nie mehr solche Verfehlungen ereignen können.

Für mein 2001 erschienenes Buch über Pater Pio[3] hatte ich mich damals bei meinen Recherchen in Italien intensiv mit dem Leben dieses stigmatisierten Kapuzinermönchs beschäftigt. Der heilige Pater Pio, der als junger Priester ständig von den Kräften des Bösen versucht und attackiert wurde, war für seine vielen Anhänger ein hochverehrter spiritueller Vater. Seit der Zeit habe ich oft darum gebetet, auch einmal einen Priester zu finden, einen geistlichen Vater, zur

---

[3] Pater Pio von Pietrelcina – Wunder, Heilungen und von der Kraft des Gebets, Ed. Christliche Mystik

seelischen Leitung, nicht zuletzt auch wegen meiner vielen Träume. Als ich Pater Bennet besser kennenlernte, nahm ich all meinen Mut zusammen und fragte ihn, ob er vielleicht einmal Zeit hätte für mich, für ein Lebensgespräch.

Pater Bennets Berufung

Pater Bennet kam 1954 in Limerick in Irland auf die Welt und besuchte dort das Crescent College of the Sacred Heart der Jesuiten, im Parkland von Dooradoyle gelegen. In seiner Jugend in Irland erlebte er, ähnlich wie auch ich in Österreich, noch kriegsbedingte Armut und die Not der Bevölkerung jener Zeit mit. Unsere beiden kleinen Heimatländer galten damals noch als streng katholisch. Der Glaube konnte dort jedoch auch sehr engstirnig sein, wenn man nicht in einer Familie aufwuchs, die den Drang der Jugend nach Freiheit und Reisen und ihren Wunsch nach Wissen und Bildung verstand und förderte. Der Vater von Pater Bennet war Radioingenieur und bereits mit 18 Jahren als Radio-Officer im Einsatz auf See, in Argentinien, Indonesien und im Krieg auch in Portugal und Spanien. Später arbeitete er als Spezialist für Luftverkehr am Flughafen von Dublin. Pater Bennets Mutter, die gut Französisch sprach, war für ihre vier Kinder immer ein Vorbild an Bildung und Weltoffenheit – genauso wie meine junge Mutter es trotz aller Schwierigkeiten nach dem Krieg für meinen Bruder und mich war.

Mit den Legionären Christi kam Pater Bennet eher zufällig in Berührung, im Jahr 1973, nach seinem Schulabschluss. Er besuchte am Wochenende mit Freunden Dublin und dort hauten die Jungen mächtig auf den Putz. Im Laufe des Abends lernten sie einen Legionär Christi kennen, mit dem sie schließlich Karten spielten. Dabei verspielten sie ihr ganzes Geld. Da sie danach aber noch nicht einmal mehr genug Geld für ein Bus- oder Bahnticket für die Heimfahrt in der Tasche hatten, luden die Legionäre Christi sie ein, in ihrem Haus zu übernachten. Am nächsten Morgen, nach dem Frühstück, gab ihnen der Spielsieger vom Vortag lachend ihr verlorenes Geld zurück und versicherte ihnen, sie seien bei ihnen jederzeit willkommen. Die jungen Leute bedankten sich beschämt für die ungewohnt freundliche Behandlung und zogen von dannen.

Bei Pater Bennet jedoch hatte dieses Wochenende Spuren hinterlassen. Die herzliche Aufnahme, Heiterkeit und Gelassenheit in dieser jungen priesterlichen Gemeinschaft, ihr humorvolles Verständnis für das schlechte Benehmen der Gruppe und nicht zuletzt die Einladung, jederzeit wieder vorbeikommen zu dürfen, beeindruckten ihn sehr. Und da er aus einer praktizierend katholischen Familie stammte, konnte er sich von da an ein Leben in einer solchen religiösen Gemeinschaft vorstellen. Mit 19 Jahren bat er um Aufnahme bei den Legionären Christi. Er studierte Philosophie und Ethik an der Hochschule der Legionäre Christi in Salamanca und Theologie an der päpstlichen Universität *Regina Apostolorum* in Rom, wo er 1985 zum Priester geweiht wurde. Nach dem Theologiestudium an der päpstlichen Universität Gregoriana in Rom promovierte er 2003 am *Ateneo* Pontificio *Regina Apostolorum* in Rom in Moraltheologie und Bioethik. Das Thema seiner Dissertation lautete *„The Moral Implications of Genetic Testing" – Towards a use of Genetic Testing and Information that benefits the Human Individual and Humankind".* Das Werk bekam viel Aufmerksamkeit, denn schon damals stand fest, dass diese wissenschaftlichen Erkenntnisse neben klinischen auch psychologische, ethische, rechtliche und politische Fragen aufwerfen würden. Nach verschiedenen Stationen unter anderem in Spanien und Mexiko wurde Pater Bennet schließlich nach Deutschland berufen. Nachdem ich ihn kennengelernt hatte, hörte ich von vielen, dass er ein warmherziger, empathischer Zuhörer und beliebter Beichtvater sei. Da auch mich meine Lehr- und Wanderjahre in die ganze Welt geführt hatten, mit mancherlei Umwegen und Irrwegen, sagte mir meine Intuition, dass dieser irische Priester vielleicht auch für mich der vom Himmel schon so lang erbetene geistliche Vater für meinen weiteren Lebensweg sein könnte.

Oft stellte ich mir aber auch die Frage, was ich nun mit meinem Leben anfangen könnte und was ich für andere tun könnte. Wer könnte da mein Vorbild sein? Ich überlegte lange, an wem ich mich orientieren könnte, um meinen Weg sinnvoll zu gestalten. Eines Tages erinnerte ich mich daran, dass ich ja schon früher ein solches Vorbild gefunden hatte. Während meiner Besuche im Kloster von Pater Pio in San Giovanni Rotondo hatte ich von der Amerikanerin Adelia Mary McAlpin Pyle gehört. Sie kam aus New Jersey und war in eine wohlhabende presbyterianische Familie hineingeboren worden. Eine enge Freundin, die italienische Ärztin und Erzieherin Maria Montessori, brachte ihr 1923 während einer gemeinsamen Italienreise den katholischen Glauben nahe. Beim gemeinsamen Besuch einer Heiligen Messe mit Pater Pio in San Giovanni Rotondo war sie davon so tief berührt, dass sie, als sie junge Witwe wurde, in Amerika alles aufgab und von ihrem Erbe ein Haus in der Nähe von Pater Pios Kloster kaufte. Fortan stand sie ihm als großzügige Gastgeberin und Dolmetscherin für seine vielen Besucher aus aller Welt zur Verfügung. Für die Finanzierung seines Herzensprojekts, des Baues des Krankenhauses *Casa Sollievo della Sofferenza,* sammelte sie bei ihren italoamerikanischen Freunden und Politikern in den USA Spenden. Als Pater Pios Eltern alt und gebrechlich wurden, nahm sie sie in ihrem Haus auf, damit sie bis zu ihrem Tod ihrem Sohn nahe sein konnten. Mary Pyles Geschichte hatte mich in der Tat damals so beeindruckt, dass ich mir vorgenommen habe, ihrem

Vorbild zu folgen und Gutes für andere zu tun, falls ich jemals Witwe werden sollte.

Tagträume

Auf der Suche nach einem neuen Lebensziel fing ich an „tagzuträumen". Denn jeder Mensch lebt ja von Träumen und braucht dafür Glauben, Hoffnung und Liebe, um aus seinem Leben mehr machen zu können, als zunächst denkbar ist. Und je besser ich Pater Bennet und Pater Carlos kennenlernte, auch durch Besinnungstage, und je mehr ich über *Medical Mission Network* erfuhr, desto mehr konnte ich mir vorstellen, dass ich auch etwas für sie tun könnte. Als Pater Bennet die Arbeit als Ordenspriester, neben den Vorbereitungen und vielen Reisen nach Mexiko, mal wieder über den Kopf wuchs, sagte ich zu ihm: „Pater Bennet, wenn ich jünger wäre, würde ich Sie ja gern unterstützen und bei *Medical Mission Network* mitarbeiten! Aber ich fürchte, dafür bin ich zu alt." „Was heißt hier zu alt? – Niemals! Ältere Helfer sind immer willkommen, da treffen Begeisterung und Erfahrung aufeinander. Die mittlere Generation ist doch oft noch viel zu sehr mit Karriere und Familie beschäftigt. Und Gott hat für Sie ganz gewiss auch noch einen Plan!"

In jener Zeit fing ich auch an, morgens täglich die Meditationen des Regnum Christi zu lesen, die man im Internet abonnieren kann. Dies stärkte mich in dem Glauben, dass man auch in meinem Alter die ausgetretenen Pfade verlassen und sich radikal Gottes Willen und Liebe überlassen kann. Dank an dieser Stelle allen Autoren für die vielen positiven Impulse!

Das erste Jahr nach Klaus' Tod verging schnell. Ich musste nun vieles allein regeln und meine Lebensgewohnheiten ändern. Ohne die tatkräftige Hilfe meiner Nachbarn und Freunde hätte ich die endlosen Widrigkeiten und täglichen Hürden jedoch nicht bewältigen können. Mitte April, also ein halbes Jahr nach dem Tod meines Ehemannes, tauchte eine neue Schwierigkeit auf. Von einem Tag zum anderen bekam ich Schmerzen im rechten Knie, das sich plötzlich instabil anfühlte. Meine immer hilfsbereite Freundin Viera, die leitende Orthopädin einer REHA-Klinik in Königstein, hatte sofort den Verdacht, dass kleine freie Gelenkknöchelchen unter die Kniescheibe gewandert waren und Schmerzen verursachten. Da ein MRT die Diagnose bestätigte und eine sofortige Operation erforderlich war, sprang wieder unser alter Freund, der Orthopäde Dr. Georg Heller, ein und vermittelte mir einen Termin für die ambulante Knieoperation bei seinem Praxisnachfolger. Die Entfernung der Gelenkkörper, die Reparatur einer Innenmeniskusruptur und die Glättung von Knorpelschäden zwangen mich danach erst einmal zur Ruhe. Zwei Monate musste ich eine Orthese tragen. Als mir in jener Zeit die endlosen digitalen und bürokratischen Schwierigkeiten wieder einmal über den Kopf wuchsen, hatte ich eines Morgens einen sehr eindrucksvollen Traum.

Ich befand mich mit Klaus in einem Hotel. Bevor wir zum Frühstück gingen, wollte mein Ehemann, der vor mir fertig war, schon einmal mit dem Lift hinunter in die Lobby fahren, um nachzusehen, wie das Wetter war. Als ich wenig später ebenfalls die Lobby betrat, sah ich durch die gläserne Drehtür am Eingang, dass Klaus draußen vor dem Hotel auf der Straße stand. Diese war über und über mit Schlamm, großen Gesteinsbrocken und spitzem Geröll zugeschüttet. Klaus, in seinem dunkelblauen Wollmantel und seinen grünen Regenschuhen, die immer noch auf unserer Terrasse stehen, hatte eine riesige Schaufel in der Hand, mit welcher er versuchte, die Hindernisse beiseitezuschaffen. Ich trat vor die Tür und fragte: „Klaus, was machst du denn da?" Er schaute sich um und sagte liebevoll: „Ich versuche nur, dir die Steine aus dem Weg zu räumen!" Am nächsten Tag klärte sich urplötzlich ein sich schon monatelang hinziehendes bürokratisches Hindernis. Es ging um die Überschreibung von Klaus' Meilenkonto bei der Lufthansa auf mich. Dieses Guthaben stand mir als seiner Erbin zu, doch damals wusste ich noch nicht, dass dieses mir eineinhalb Jahre später bei meiner Reise nach Mexiko außerordentlich nützlich sein würde. Der Traum aus der Nacht davor war so deutlich und klar, dass er mir wie ein himmli-

sches Zeichen vorkam, das mir deutlich machen wollte, dass Klaus von dort, wo er war, sehr lebendig an
meinem Leben und meinen Schwierigkeiten Anteil
nahm. Denn durch die Knie-Operation verzögerten
sich auch meine Entrümpelungs-Pläne für sein Büro,
wo sich mit den Jahren vieles angesammelt hatte. Auch
die gute Kleidung meines Ehemannes, die ich teils
schon an Freunde und Nachbarn oder an Kleiderkam-
mern für Bedürftige verschenkt hatte, habe ich lange
Zeit nicht aussortieren können. Als ich mich endlich
an diese ungeliebte Arbeit machen wollte, passierte
wieder etwas Bemerkenswertes.

Klaus' Trachtenjankerl und der heilige Martin

Es war bereits Oktober und ich war entschlossen,
nun endlich Klaus' Kleiderschrank leerzubekommen.
Schweren Herzens wollte ich mich auch von seinem
taubenblauen Lieblingsjankerl trennen, an dem unser
türkischer Schneider schon Interesse bekundet hatte. Weil ich es am nächsten Tag in seinem Geschäft
vorbeibringen wollte, hatte ich das Jankerl schon am
Abend zuvor in unsere Garderobe unten im Flur ge-
hängt. Vor dem Einschlafen plagte mich jedoch auf
einmal das schlechte Gewissen. Wenn Klaus vielleicht
vom Himmel aus mitbekam, dass ich am nächsten
Tag sein Lieblingsjankerl an jemand völlig Fremden
verschenken wollte – ob er das wohl gutheißen würde? Ich kam mir wie eine Verräterin vor. Gegen Mittag kamen überraschend Georg und Bärbel Heller bei

mir vorbei, um sich nach meinem Befinden zu erkundigen. Einem Geistesblitz folgend, fragte ich Georg, ob er nicht Klaus' Jankerl anprobieren möchte, da ich wusste, dass er gern Trachtenkleidung trägt. Georg zog es an und griff dabei in eine Seitentasche. „Was ist das denn?" Verblüfft zog er einen Zeitungsausschnitt aus der WELT hervor, vom 11. November 2011, mit dem Bild einer Schar von Gänsen vor blauem Himmel. Schon bei ihrem Anblick hörte man förmlich ihr lautes Geschnatter! Neben dem Bild befand sich ein gedruckter Artikel mit der Überschrift:

Genauer betrachtet – Verräter

Es waren die Gänse. Sie haben den Heiligen Martin verraten, als er von den Einwohnern der Loire-Stadt Tours flüchtete. So zumindest sagt es die Legende. Die Franzosen wollten Martin demnach zum Bischof weihen, ausgerechnet ihn, diesen eher dem stillen beschaulichen Leben zugetanen Mann. So sehr bedrängten sie ihn, dass er davonlief und sich versteckte - in einem Gänsestall. Den Tieren schien das gar nicht zu passen: Sie schnatterten und flatterten, bis man Martin fand. So wurde er am Ende doch noch Bischof. Und uns entstand ein schöner Brauch: das Gänseessen, begangen am heutigen Martinstag.[4]

Ich, die Verräterin, fand das so komisch, dass ich fast lachen musste. War das ein himmlischer Scherz? Oder

---

[4] Quelle DIE WELT, vom 11.11.2011.

ein tröstlicher Fingerzeig von Klaus? Als Beweis für mich, dass er in einer anderen Dimension wirklich vollkommen lebendig war? In der Ewigkeit, wo, wie Angelus Silesius sagte, „alles zugleich geschieht, und es kein Vor und Nach wie im Zeitenreich gibt"! Denn wieso um Himmels Willen hat Klaus ausgerechnet am 11.11.2011, zum Beginn des Karnevals, damals exakt diesen Zeitungsausschnitt aufgehoben? Noch dazu in seinem Lieblings-Jankerl? Das Wort Karneval stammt schließlich aus dem Lateinischen von *Carne Vale* und bedeutet, so kurz vor der Fastenzeit, so viel wie „Abschied vom Fleisch". Und vor einem Jahr, am 11.11.2017, war doch Klaus' Beisetzung gewesen, schoss es mir durch den Kopf. Sollte diese Zahlen-Koinzidenz mich daran erinnern, an diesem Festtag des heiligen Martin und zu Beginn des Karnevals mit einer Heiligen Messe an Klaus' Abschied von dieser Welt zu denken?

Da Georg das Jankerl zu eng war, vererbte ich es meinem hilfsbereiten jungen Nachbarn Carsten, der dieselbe Größe und schlanke Figur wie Klaus hat. Auf der Website des Klosters entdeckte ich, dass an diesem Sonntag, am 11.11.2018, wieder Pater Bennet um 16 Uhr die Heilige Messe feiern würde. Folgten diese vielen „Zufälle" vielleicht doch einer himmlischen Regie? Jedenfalls schickte ich sofort eine E-Mail an Pater Bennet, der gerade wieder für *Medical Mission Network* in Mexiko war, mit der Bitte, ob er diese Messe, die am Jahrestag von Klaus' Beisetzung stattfinden sollte, im Gedenken an den Verstorbenen zelebrieren könnte. Seine umgehende Antwort war: Mit Vergnügen!

Und plötzlich wusste ich, was ich zu tun hatte. Dies war eine wunderbare Gelegenheit, alle unsere Nachbarn und guten Freunde in diese Gedenkmesse für Klaus einzuladen und zum Dank für ihre Hilfe auch zum Essen in ein Restaurant, zusammen mit Pater Bennet und Pater Carlos. Unter ihnen waren zahlreiche befreundete Ärzte vom Rotary-Club, die ich alle um eine Spende für *Medical Mission Network* bitten würde, statt eines Geschenks oder Mitbringsels für mich. Ich hatte die Hoffnung, dass Pater Bennet und Pater Carlos zusagen und ein wenig über das Hilfsprojekt erzählen würden. Da jedoch am 11.11. der Festtag des heiligen Martin war, wo viele Familien und Vereine aus Tradition zum Gänseessen einladen, war es schier unmöglich, in Königstein ein Lokal zu finden, das nicht schon ausgebucht war. Und wieder war es Klaus' alter Freund Dr. Georg Heller, der schließlich die rettende Idee hatte: Ganz in der Nähe des Klosters hatte erst kürzlich ein italienisches Restaurant einen neuen Inhaber bekommen. Dessen Vorbesitzer Toni kannten wir gut, da wir bei ihm oft zu Gast gewesen waren. Dieser rief den neuen Inhaber namens Valentino an und erklärte ihm, wie wichtig dieses Essen zu Klaus' Gedenken für mich war. Auch Valentino hatte Klaus kurz kennengelernt und so rief er alle Gäste, die für den Abend reserviert hatten, an und erklärte ihnen, aus privaten Gründen die Buchung annullieren zu müssen. Ich dankte dem Himmel, denn da waren gewiss wieder alle unsere Schutzengel am Werk gewesen! Zu meiner großen Freude hatten auch Pater Bennet und Pater Carlos bereits zugesagt.

Die Feier der Heiligen Messe war wieder ein besonderer Höhepunkt. Pater Bennet hatte gleich zu Beginn erklärt, dass wir in dieser Feier Klaus Malzahn gedenken werden und ihm für alles danken, was er für *Medical Mission Network* getan hat. Auch der anschließende Abend bei Valentino verlief wunderbar und meine Gäste waren an Pater Bennets und Pater Carlos' Berichten über die Arbeit von *Medical Mission Network* in Mexiko sehr interessiert. Im Laufe dieses Abends kam mir der Gedanke, dass der so anspruchslose und bescheidene Diener Gottes, Pater Bennet, mit seinem medizinischen Hilfsprojekt eigentlich auch so eine Art „moderner" Sankt Martin für die Zeit von heute war. Oder vielleicht hatte er ihn sich zum Vorbild genommen? Der in Ungarn 316 oder 317 als Sohn eines römischen Kriegstribuns geborene Martin war schon mit 15 Jahren beim Militär. Er diente als Soldat der Reiterei in der Kaiserlichen Garde in Amiens. Als ihm dort an einem klirrend kalten Wintertag am Stadttor ein armer Bettler begegnete, zerteilte er seinen Mantel mit dem Schwert und gab ihm die eine Hälfte. In der folgenden Nacht soll Christus ihm im Traum erschienen sein, bekleidet mit der Hälfte seines Mantels, und gab ihm zu verstehen: „Was ihr dem Geringsten meiner Brüder getan habt, das habt ihr mir getan!" Von dem Tag an war das Leben des Martin von Tours ganz vom christlichen Glauben bestimmt. Er ließ sich taufen, verließ das Militär und wurde Priester. Er errichtete 361 in Ligugé das erste Kloster des Abendlandes. Als er dann später gegen seinen Willen Bischof von Tours werden sollte, kam es zu der Gänse-Episode. Nach seinem Tod im Jahr 397 wurde er unter großer Anteilnahme der Bevölkerung bestattet und wird seither in allen christlichen Kirchen als großer Bekenner Christi verehrt.

Vielleicht war es ja nicht nur purer Zufall, dass mir ausgerechnet der Zeitungsausschnitt über Sankt Martin genau zur rechten Zeit aus Klaus' Lieblings-Trachtenjankerl „zugespielt" wurde. „Gott fügt!", würde Schwester Maria Regina wieder dazu sagen. Das sind die Wege des Herrn. Nach dem Abend im „Valentino" spendeten unsere Freunde großzügig für *Medical Mission Network*. Und ich dankte Gott, dass alles so gut und harmonisch verlaufen war, und hatte die Hoffnung, dass dieser Abend vielleicht nicht das Ende, sondern vielleicht der Anfang meines vom Herrn vorgesehenen Weges war.

*Im Königreich der Seele soll
die Liebe Königin sein!*
Hl. Franz von Sales

Ohne Glauben keine Träume

Nach dem Abend bei Valentino fühlte ich mich so froh und glücklich, dass ich gleich darüber nachsann, ob und wie ich für *Medical Mission Network* weiter nützlich sein könnte. Da ich in den letzten Jahren sehr viel als Autorin und Übersetzerin gearbeitet hatte, ermahnte mich mein Ehemann oft, mehr auf meine Gesundheit zu achten. Ob Klaus wohl damit einverstanden wäre, wenn ich mich noch stärker für *Medical Mission Network* einsetzen würde? Nur zwei Tage nach der Gedenkfeier für Klaus hatte ich wieder einen bemerkenswerten Traum.

Dazu möchte ich vorausschicken, dass ich mit Klaus abgemacht hatte, dass er sich, vielleicht im Traum, bei mir melden würde, sollte er als Erster von Gott in die ewige Heimat abberufen werden und nach dem körperlichen Tod bewusst weiterleben. Dieselbe Vereinbarung hatte ich auch mit meiner im Jahr 2007 verstorbenen Mutter getroffen, deren tröstliche Traumbotschaften, die sie mir nach ihrem Tod geschickt hatte, ich später in meinem Buch „Gottes Traumbotschaften – Warum ich weiß, dass meine Mutter im Himmel lebt"[5] veröffentlicht habe. Was meinen Ehemann betrifft, habe ich zusätzlich noch auf ein Zeichen bestanden, um ganz sicher sein zu können, dass der Traum von ihm kommt. Da ich kleine Katzen gern mag, sollten darin also unbedingt auch Katzen vorkommen, quasi als Signatur. Und tatsächlich wachte ich am Morgen des 13. November 2018 aus einem so wunderschönen Traum von Klaus auf, dass ich ihn noch schläfrig sofort in meinem Traum-Büchlein neben dem Bett notiert habe.

Laetitia – der rosa Weihnachtspullover

Ich träumte, dass Klaus und ich nachmittags Freunde zum Kaffee eingeladen hatten. Draußen war es schon ein wenig herbstlich und kühl und da ich ein wenig erkältet war, wollte ich vorher noch bei der Apotheke vorbeigehen, um mir ein pflanzliches Medikament zu holen. Klaus wollte währenddessen schon alles für unsere Gäste vorbereiten. Auf dem Heimweg sah ich auf der Wiese in dem kleinen Park gegenüber der Apotheke lauter kleine Kätzchen spielen und sogar die Katzenmutter, die noch ein ganz kleines Babykätzchen bei sich hatte. Ich freute mich sehr über den Anblick. Zu Hause angekommen, entdeckte ich schon an der Tür

---

5   Ed. Christliche Mystik, 2015.

zum Wohnzimmer, dass Klaus alles für unsere Gäste vorbereitet, den Tisch schön gedeckt und den Kamin angemacht hatte. Als ich dann ins Zimmer trat, erblickte ich plötzlich Pater Bennet, der gemütlich auf unserer hellen Couch direkt neben dem Kaminfeuer saß. Er wirkte sehr fröhlich und entspannt und trug den pinkfarbenen Wollpullover, den ich Klaus vor einem Jahr zu Weihnachten geschenkt hatte. „Wie hast du es denn geschafft, Pater Bennet hierher zu bekommen?", fragte ich überrascht. Klaus lachte. „Ganz einfach! Ich habe ihn im Kloster angerufen und gefragt, ob er zu uns kommen möchte. Und er hat ja gesagt. Und weil es draußen schon so kalt ist, habe ich ihm dann meinen pinkfarbenen Pullover geschenkt." Ich freute mich im Traum sehr darüber und als ich aufwachte, war ich glücklich, einen so lebendigen Traum von Klaus gehabt zu haben. Mein Gefühl sagte mir, dass der Traum nicht nur eine sich selbst erfüllende Prophezeiung war, sondern ein echter seelischer Kontakt mit ihm. Er wollte mir liebevoll versichern, dass er mit meinen Plänen, was Pater Bennet und *Medical Mission Network* betrifft, vollkommen einverstanden war. Als ich den Traum später Pater Bennet erzählte, inklusive der Katzenepisode, wurde auch er nachdenklich. Den rosa Weihnachtspulli habe ich ihm dann tatsächlich im Namen von Klaus geschenkt. Damit er ihn auch annimmt, habe ich das Argument vorgebracht, dass Rosa doch in der Liturgie symbolisch für *Laetitia*, also für die Freude, steht.

Der Himmel meinte es offensichtlich zum Jahresende besonders gut mit mir, denn je näher das Weihnachtsfest rückte, desto trauriger und trübseliger wurde ich. Doch genau da kam der Anruf von Pater Carlos mit der Einladung, das Weihnachtsfest mit der Ordensgemeinschaft der Legionäre Christi in Bad Münstereifel zu feiern. Ich freute mich sehr darüber. Zu Weihnachten traf sich dort nämlich immer die ganze Gemeinschaft der Legionäre Christi aus Deutschland und Europa, um die Geburt Jesu Christi zu feiern.

Kurz vor Weihnachten, am 21. Dezember 2018, hatte ich jedoch wieder einen sehr intensiven Traum. Ich hatte in den letzten Wochen permanent Schmerzen in der linken Hüfte gehabt und fühlte mich auch körperlich von den vielen Belastungen, die ich nach Klaus' Tod in jeder Hinsicht nun allein zu bewältigen hatte, ziemlich müde und erschöpft.

Der Traum vom Heimkommen

In diesem vorweihnachtlichen Traum befand ich mich nun gemeinsam mit vielen Freunden, darunter auch Rotarier und alte Bekannte von früher, auf einer langen Reise, die sehr anstrengend war. Gegen Abend war ich so müde und erschöpft, dass ich nicht mehr weitergehen konnte, an einem verlassen am Wegrand stehenden alten Gebäude erschöpft zusammensackte und am Boden sitzend zurückblieb, während die anderen weiterzogen. Da kam plötzlich Pater Bennet des Weges, in seiner schwarzen Priesterkleidung, und fragte mich: „Was ist mit dir, Ingrid?" Und ich antwortete: „Ich bin so müde, so erschöpft, ich kann nicht mehr weiter." Im Traum half Pater Bennet mir liebevoll auf und sagte: „Gib mir die Hand und komm mit mir – ich bringe dich nach Hause." Als ich aufwachte, erfasste ich sofort intuitiv, dass es dabei um das himmlische Zuhause ging, zu dem Gott mich in seiner Liebe das letzte Stück meines irdischen Weges „an der Hand" von Pater Bennet führen wollte.

Als Pater Carlos, der mittlerweile für mich wie eine Art Sohn war, mich am Heiligen Abend gegen Mittag mit dem Auto abholte, konnte ich mein Glück kaum fassen. Carlos Arturo Martinez Teuscher ist Mexikaner, doch sein Großvater mütterlicherseits stammt aus Thüringen, wie ein altes Familienwappen noch zeigt. Während dieser für eine deutsche Ölfirma beruflich in Mexiko war, brachen dort Unruhen aus, sodass er nicht wie geplant nach Deutschland zurückkehren konnte. Aber vielleicht war das auch Gottes Plan. Denn als er sich dort in eine Mexikanerin verliebte und sie heiratete, blieb er im Land. Er freut sich garantiert, dass einer seiner Enkel heute im Dienst für den Herrn in seiner alten Heimat tätig ist.

Und Pater Carlos ist für mich wirklich auch ein von Gott berufener Priester. Intelligent, liebenswürdig und warmherzig, was ihm mit seinem gewinnenden Lächeln bei uns den Spitznamen „Latino-Sunshine" eingebracht hat. Pater Carlos, am 7. März 1981 in Mexiko geboren, hat bei Pater Bennet von 2009 bis 2012 sein apostolisches Praktikum gemacht und auch bei *Medical Mission Network* mitgearbeitet. Nach seiner Priesterweihe 2014 in Rom war es sein Wunsch, weiter mit Pater Bennet in Deutschland zusammenarbeiten zu dürfen. Inzwischen hat er in Rom seinen Master in Theologie gemacht.

Die Gespräche mit diesem jungen Priester zeugen von einer Tiefe und Ernsthaftigkeit im Glauben, die ansteckend wirkt. Pater Carlos hatte in Monterrey am *Istituto Tecnologico* Informatik studiert und sich sein Taschengeld für Reisen und ein vergnügtes Studentenleben mit seinen Internet- und Programmierkenntnissen verdient. In dieser Zeit fühlte er sich zeitweise sehr weit entfernt von Gott. Umso überraschender ist seine Berufungsgeschichte. Seine Mutter hatte sich immer schon sehr in der Pfarrei engagiert und den Armen und Kranken geholfen. Als sie ihren Sohn eines Tages dabei um Hilfe bat und er sie in seiner jugendlichen Überheblichkeit fragte, was der ganze Stress solle, sie müsse doch gar nicht so viel arbeiten, packte sie ihn am Arm und sagte: „Carlos, Gott war immer für mich da! Soll ich ihm heute sagen, ich hätte keine Zeit für seine Anliegen?"

Aber Gott war auch für Carlos da. Denn eines Tages begleitete er einen Freund zu einem Einkehrtag ins Noviziat der Legionäre Christi nach Monterrey. Im Grunde kam er aber nur mit, um in der Stadt am Abend noch was zu erleben. Doch im Noviziat traf er dann eine Gemeinschaft junger Männer mit einer solchen Freundlichkeit und Ausstrahlung, wie er sie bisher noch nicht kennengelernt hatte. Als sich dieser Eindruck bei weiteren Besuchen verfestigte, erkannte er, dass diese Männer wirklich versuchten, die Liebe Christi zu leben. Dadurch erwachte in seiner Seele eine tiefe Sehnsucht, es ihnen gleichzutun, in den Orden einzutreten und Priester zu werden. Sein im Oktober 2019 verstorbener Vater war ein Arzt alter Schule gewesen, dessen ethische und moralische Grundsätze sich stets an der kirchlichen Lehre ausrichteten. Und er war einer der ersten Ärzte in Mexiko, die Pater Bennet bei seiner Idee, ein medizinisches Hilfswerk für die notleidenden Maya zu gründen, tatkräftig unterstützten.

Weihnachtsfest in Bad Münstereifel

Pater Carlos hatte in Bad Münstereifel für mich ein nettes kleines Hotel in der Nähe des Klosters gebucht. Als er mich später für die Feier des Heiligen Abend abholte, war ich überrascht, wie liebevoll das ganze Haus außen und innen mit Lichterketten, Christbäumen und Weihnachtsdekoration geschmückt war. Pater Carlos und Pater Bennet stellten mich dem Ordensoberen, Pater Valentin Gögele, vor. Der großgewachsene und sympathische, aus Meran stammende Priester begrüßte mich so ungezwungen und freundlich, dass ich mich sofort willkommen fühlte.

Auch der Tisch für das Abendessen war festlich gedeckt. Die Ordensleute waren von den unterschiedlichsten Orten angereist: aus Alzgern, Wien, Lausanne, Paris, Méry-sur-Marne, Bordeaux, Dublin, Krakau und Budapest. Wobei mir schien, dass die Mehrzahl der jungen, aufgeschlossenen und weltoffenen Ordensleute und Priesterkandidaten aus Mexiko stammte, dem Mutterland der Kongregation der Legionäre Christi. Nach der Begrüßung durch Pater Valentin und dem Weihnachtsessen wurden Weihnachtslieder gesungen, irische, amerikanische, mexikanische und zuletzt natürlich „Stille Nacht".

Der heiterste Teil des Abends kam danach. Aus einem Korb zog jeder ein Zettelchen mit einer geheimnisvollen Zahl darauf. Der Zahl waren bedeutende Persönlichkeiten der Kirche zugeordnet, neben Heiligen auch Apostel, Kirchenväter, Bischöfe oder Theologen und Kirchenlehrer. Der, dessen Zahl man zog, sollte einem als Jahresheiliger dienen. Und wen zog ich? Den von mir schon immer sehr verehrten großen Kirchenlehrer, den heiligen Franz von Sales! In meinem vorhin erwähnten „Traumbuch" mit den Träumen von meiner Mutter hatte ich ihm im Zusammenhang mit Don Bosco, der auch ein großer Träumer war, ein ganzes Kapitel gewidmet. Ich konnte mein Glück kaum fassen! Als Pater Bennet Timotheus zog, den besten und eifrigsten Schüler des Apostels Paulus, fand jeder im Saal, dass dieser perfekt zu ihm passte. Pater Carlos wiederum, der im Jahr darauf sein Master-Studium in Rom absolvieren sollte, zog einen für sein Thema bedeutenden Theologen.

Der Höhepunkt des Abends war die Feier der Christmette in der Ordenskirche. Die Orgel spielte und die Priester zelebrierten in weißen Gewändern festlich auf Latein. Ich fühlte mich schlagartig in meine Kindheit zurückversetzt. Damals hatte ich jeden Sonntag mit meiner Mutter die lateinische Messe in unserer nach dem Krieg mithilfe von Spenden erbauten Herz-Jesu-Kirche besucht. Ihr riesiges Lichtkreuz zwischen den zwei mächtigen Kirchtürmen leuchtete als Symbol der Freiheit in die kommunistische Tschechoslowakei hinüber.

Bei diesem Aufenthalt in Bad Münstereifel lernte ich viele weltoffene, warmherzige und begeisterte junge Priesterkandidaten und Ordenspriester kennen und es war mir eine Freude, mich mit ihnen zu unterhalten. Besonders interessant war das Gespräch mit dem liebenswürdigen Pater Fergus O'Carroll, der wie

Pater Bennet aus Limerick in Irland stammt. Die beiden kennen sich schon seit der Studienzeit und waren an dem Abend die ältesten anwesenden Mitglieder der Legionäre Christi. Als „Mann der ersten Stunde" ist Pater Fergus vielen Menschen in Deutschland bekannt. Bereits 1965 trat er in Irland ins Noviziat ein, wurde 1978 zum Priester geweiht und war seit 1991 der erste Novizenmeister des neugegründeten Noviziats des Ordens der Legionäre Christi. Ab 2008 war der beliebte Ire der erste Rektor der Apostolischen Schule in Bad Münstereifel. Nach fünf Jahren als Seelsorger in einer vom Orden geleiteten Mädchenschule in der Schweiz und kurzer Corona-bedingter Aushilfe in Hessen-Franken ist Pater Fergus nun wieder in seinen Schuldienst in die Schweiz zurückgekehrt.

Festlicher und schöner hätte ich mir dieses Weihnachtsfest, ein Jahr nach Klaus' Tod, nicht erträumen können. Pater Bennet hatte mir immer wieder versichert, dass es den Tod, wie wir ihn verstehen, nicht gibt und niemand ohne den Ratschluss Gottes aus dieser Welt abberufen wird. Für ihre geistliche Unterstützung und sehr viele gute Gespräche, auch an diesem Abend, werde ich den Legionären Christi immer dankbar sein. Ihre Gastfreundschaft und die würdevolle Weihnachtsfeier entsprachen genau dem, was in den Statuten der *Regnum-Christi*-Föderation über das Charisma des Ordens zu lesen ist:

„Wir sind uns bewusst, dass das Reich Gottes ein Geschenk ist. Und wir es nicht mit ausschließlich menschlichen Kräften errichten können. Daher wollen wir immer mit Christus und seiner Kirche vereint bleiben, wie die Rebe am Weinstock (vgl. Joh 15,5). Wir wissen als Mitarbeiter und Jünger Jesu, dass jedes apostolische Handeln darin eingebettet ist, dass wir beten, mit Jesus unser Kreuz tragen, selbstlos und uneigennützig dienen, dem Wirken der Gnade vertrauen, Zeugnis eines echt christlichen Lebens geben."

Begegne den Zufällen
dieses Lebens nicht mit Furcht.
Ergreife nur fest Gottes führende
Hand. Er wird bei dir sein in Licht und
Dunkel, und wo du nicht gehen
kannst, wird er dich tragen.
Hl. Franz von Sales

Eine Auszeichnung für Medical Mission Network

Als Pater Bennet mich Anfang 2019 fragte, ob ich nicht sein Team bei der Vereinsgründung für *Medical Mission Network* unterstützen wolle, sagte ich begeistert zu. Ich war sehr dankbar, dass Pater Bennet mir so sehr vertraute. Obwohl es diese Initiative schon seit Jahren gab, war Medical Mission Network noch kein eingetragener Verein, sondern Teil eines übergeordneten Vereins des Regnum Christi. Nun sollte Medical Mission Network selbstständig werden. Und so kam es, dass ich am 2. Februar 2019 als Gründungsmitglied dabei sein durfte. Die Gründungsversammlung fand in meiner Wohnung statt, Pater Bennet und Pater Carlos begannen mit einer Heiligen Messe und weihten *Medical Mission Netwo*rk an Maria von Guadalupe als Schutzpatronin.

Doch genau an diesem Tag wurde ich noch einmal heftig geprüft. Meine Knieoperation ein paar Monate zuvor war erfolgreich gewesen, doch kam ich an diesem Tag morgens vor Ischias-Schmerzen kaum die Treppe herunter, auch weil mein linkes Bein einfach wegkippte. Nur dass mir meine Freundin Maren auf die Schnelle mit einem Taxi aus Frankfurt Krücken zukommen ließ, konnte diesen Tag noch retten. Und auch die Hilfe meiner Freundin Mechthild, die ihren Ehemann Andreas, den stellvertretenden Vorstand des neugegründeten Vereins, begleitete und mich als Gastgeberin perfekt vertrat. Ohne sie hätte ich es an diesem Tag nicht geschafft, meine Gäste zu bewirten.

Das also war der für mich von Gott vorgesehene Weg! Ich war überglücklich. Mein Leben bekam wieder einen Sinn. Aber wie so oft, wenn man sich dem Durchbruch zu nähern scheint, kam noch einmal ein heftiger Rückschlag. Denn meine plötzliche Gehunfähigkeit und die schon lange bestehenden Ischias-Schmerzen waren, wie MRT und CT ergaben, das Resultat eines aufgrund Knorpelschwunds im Gelenk zusammengebrochenen Hüftknochens.

Nach einer Hüftoperation am 15. Februar 2019 bekam ich im Krankenhaus eine Lungenentzündung und hatte einen Herzinfarkt. Durch Wasseransammlungen im ganzen Körper hatte ich dicke Beine wie ein Elefant. Dieser Spuk ging erst nach Wochen zu Ende, nachdem ich einen Herzkatheter und Stents bekam. Als mich mein alter Freund Dr. Georg Heller im Krankenhaus besuchte, sagte ich, dass ich sterben wolle. Doch er erwiderte: „Hör auf zu jammern. Ich habe gerade mit Klaus telefoniert und er sagte mir, dass er im Himmel noch seine Ruhe braucht. Und wir brauchen dich noch hier!" Pater Bennets Einwand klang ganz ähnlich: „Ingrid, Gott braucht dich noch, er hat noch große Pläne für dich." Auch Pater Carlos besuchte mich öfters in der Klinik, während die Ärzte mittels Infusionen versuchten, das angesammelte Wasser aus meinem Körper zu schleusen. Er baute mich mit seiner Sonnenschein-Mentalität immer wieder auf, und auf meine Frage, warum Gott mich so strafe, antwortete er: „Gott straft dich nicht, du bist für ihn bestimmt eine Seele, die mit Jesus zusammen leidet, um andere Seelen und seine Kirche mit retten zu helfen!"

Und genau zu diesem Thema hatte ich an jenem Morgen im Krankenhaus einen passenden Traum. Ich war in einer Stadt in Italien, ganz allein in einer leeren Straße, an deren Ende eine typisch italienische Kirche stand, mit einer flachen Mauerfassade vorne und einer Marienstatue mit Jesuskind auf dem geschwungenen Relief. Je näher ich kam, desto mehr merkte ich, dass das ganze Gebäude am Verfallen war, der Putz war abgeplatzt und in den Mauern waren Risse und Löcher, aus denen ganze Steinbrocken herausgebröckelt waren. Das Eingangsportal und die ovalen Kirchenfenster darüber waren geschlossen. Ein trauriger, lebloser Anblick! Ich ging noch weiter auf die Kirche zu und plötzlich öffnete sich die schwere hölzerne Eingangstür und alle Fenster darüber und in jeder Öffnung erschien ein schwarzgekleideter Priester, der mir zuwinkte. Bevor ich noch etwas sagen konnte, trat der Priester aus dem Eingangsportal heraus auf mich zu, reichte mir freundlich seine Hand und sagte: „Ingrid, wir alle hier möchten dir danken, dass du gemeinsam mit Jesus für unsere Kirche leidest!"

Pater Carlos, der schon gewohnt war, meine Träume anzuhören, lächelte leise. „Siehst du", sagte er, „das gehört auch zum Plan Gottes für dich." Am 11. April wurden mir noch einmal drei Stents gesetzt und ich bekam noch einmal einen kleinen Herzinfarkt, sodass ich erst eine Woche später, drei Tage vor Ostern, aus dem Krankenhaus entlassen werden konnte. Dank der vielen Gebete unserer lieben Ursulinen-Schwestern und geistlichen Freunde von den Legionären Christi fühlte ich mich so von Gottes Liebe und Güte getragen, dass ich mich danach erstaunlich schnell wieder erholte.

Der Brief des Erzbischofs von Tegucigalpa

Anfang Januar 2019 hatte Pater Bennet vom Erzbischof von Tegucigalpa, Honduras, Kardinal Oscar A. Rodriguez Maradiaga, eine Einladung nach Washington bekommen. Dort sollte *Medical Mission Network* für sein langjähriges soziales Engagement für die verarmte indigene Bevölkerung Mexikos ausgezeichnet werden. Am 25. April 2019 nahm Pater Bennet in Washington gemeinsam mit einigen Teammitgliedern den „John Cardinal O' Connor Global Health Award" entgegen. Dieser wird jährlich von der amerikanischen Hilfsorganisation *„Hope for a Healthier Humanity (HHH) Foundation"*, dessen Vorsitzender Kardinal Maradiaga ist, vergeben. In seiner Würdigung betonte Kardinal Maradiaga, dass der Preis denjenigen zugedacht ist, die sich selbstlos in den Dienst des Nächsten stellen, um das Leben der Ärmsten und Bedürftigsten zu verbessern. Denn die Armen Lateinamerikas bräuchten weit mehr, als es den Menschen in den reicheren Ländern bewusst sei. Sie seien es gewohnt, still zu leiden. *Medical Mission Network* vermittle ihnen Hoffnung und sei ein Beispiel für echte Nächstenliebe.

In seiner Dankesrede erinnerte Pater Bennet daran, dass *Medical Mission Network* bereits vor 15 Jahren in Deutschland gegründet worden sei und seit zehn Jahren in Mexiko arbeite. Das oberste Ziel sei Kontinuität gewesen, denn man wollte die Maya-Dörfer nicht nur punktuell besuchen, sondern durch regelmäßige Einsätze verlässliche Betreuung und Nachsorge gewährleisten. Dieses Ziel sei nun schon seit einigen Jahren erreicht, da mittlerweile mexikanische Ärzte festangestellt für *Medical Mission Network* in Quintana Roo arbeiten und verschiedene Dörfer im Maya-Dschungel in regelmäßigen Abständen besuchen. Pater Bennet betonte außerdem, dass jeder aufgefordert sei, die Not des Nächsten zu seinem persönlichen Anliegen zu machen und durch sein Handeln zu lindern: „Dafür steht *Medical Mission Network!*" Die Preisverleihung war ein echter Ritterschlag für *Medical Mission Network* und hat eine große Resonanz gefunden, besonders in Mexiko, wo das Hilfswerk seit Jahren einen sehr guten Namen hat.

Nach meinen vielen gesundheitlichen Rückschlägen gab es mir eine neue Perspektive, bei *Medical Mission Network* mithelfen zu dürfen. Eines Tages fragte mich Frau Dr. Andrea Neuhaus, die für die Öffentlichkeitsarbeit des Projekts zuständig ist, ob ich das Team vielleicht mit meinen journalistischen Erfahrungen unterstützen möchte. Da sie sehr viel zu tun hatte, wäre dies für sie ebenfalls eine Entlastung. Da ich Dr. Andrea Neuhaus und ihre Arbeit sehr schätzte, sagte ich natürlich mit Freude zu.

Am 17. August 2019 erhielt ich dann Pater Bennets erste offizielle Einladung zu einem Team-Meeting.

Als ich das Datum las, konnte ich es kaum glauben. Es war genau der Tag, an dem ich 1974 meinen Ehemann Klaus kennengelernt hatte! Ein Tag, den wir immer gefeiert haben, da damals für uns beide ein ganz neuer und fruchtbarer Lebensabschnitt begann. Wenn Gott also in der Tat für jeden von uns einen Plan hat, damit wir ihm nach Möglichkeit und Kräften dienen können, war dieses Datum vielleicht der Fingerzeig, dass nun der richtige Zeitpunkt für meine neue Aufgabe gekommen war.

Teil III

Die Freude ist unser göttliches Erbteil.
Nur sie kann uns beglücken. Sie hat eine
so mächtige Beziehung zu unserem Herzen,
dass dieses ohne sie keine Ruhe findet.
Gott schuf die Freude zu unserem Besten.

Hl. Franz von Sales

Meine Reise nach Mexiko

Vor unserem ersten Teamtreffen war ich ziemlich aufgeregt. Wie würden mich die anderen ehrenamtlichen
Mitarbeiter aufnehmen? Zum Glück kannte ich schon
einige. Als wir uns im August 2019 in Pater Bennets
Büro im Ursulinenkloster trafen, wurde ich aber gleich
freundlich begrüßt. Außer Pater Bennet und Pater
Carlos und Pressechefin Dr. Andrea Neuhaus waren
Gabriele Spahn da, die für die Finanzverwaltung ver-
antwortlich war, unsere Informatikerin Delphine Uwi-
ragiye und Dr. Norma Schwenzer, eine mexikanische
Zahnärztin, die einen Deutschen geheiratet hatte und
eine Praxis in Frankfurt-Höchst hat.

Bei der Besprechung kam die Frage auf, wer alles bei dem nächsten Einsatz im Oktober, also nur wenige Monate später, mit nach Mexiko kommen würde. „Hast du nicht Lust, dir das alles mal anzusehen?", fragte mich Andrea. Denn sie würde sich freuen, wenn ihr jemand aktuelle Berichte von dem Einsatz schicken würde. Spontan sagte ich ja – aber wäre ich aus medizinischer Sicht überhaupt tropentauglich? Meine Stent-OPs lagen noch nicht lange zurück, und ich musste immer noch viele Medikamente nehmen. „Aber du hast doch Gott und ein gut ausgebildetes Ärzteteam an deiner Seite!", beruhigte mich Pater Bennet. Und schon waren meine Bedenken verflogen.

Dann machte mir unsere so liebenswürdige wie resolute Zahnärztin Norma einen Vorschlag: „Ingrid, ich fliege auch mit zu dem Einsatz nach Mexiko. Aber nicht direkt nach Cancún, sondern über Mexiko-Stadt, um vorher noch meine Eltern dort zu besuchen. Hättest du nicht Lust, mit mir zu fliegen? Du könntest mit mir bei meinen Eltern wohnen, sie würden sich bestimmt sehr freuen!" Als ich „Mexiko-Stadt" hörte, war meine erste Frage gleich: „Können wir dort auch die Basilika der Maria von Guadalupe auf dem Berg Tepeyac besuchen?" Denn das war ein alter Traum von mir, seit ich vor einigen Jahren das Buch von Paul Badde über das nicht von Menschenhand gemachte Gnadenbild der Madonna gelesen hatte. „Claro", sagte Norma, „meine Eltern fahren sicher gerne mit uns dorthin. Und wegen deiner gesundheitlichen Probleme musst du dir keine Sorgen machen: Ich bin notärztlich ausgebildet und in Mexiko gibt es auch gute Ärzte und Kliniken. Außerdem: Maria hilft immer!"

Mit diesem „Losungswort" von Norma, die wohl mein Schutzengel für die Reise war, flogen wir also am 10. Oktober 2019, meinem Namenstag, mit der Lufthansa nach Mexiko-City. Dank des Meilenkontos von Klaus, das auf mich übertragen worden war, konnte ich sogar günstig Business-Class fliegen. Mein Herz war voller Dankbarkeit und ich konnte mein Glück kaum fassen. Kurz vor unserer Abreise sagte ich deshalb noch zu Pater Bennet: „Ich hätte nie geglaubt, dass ich nach Klaus' Tod noch einmal so viel Freude erleben würde. Das habe ich auch Ihnen zu verdanken!" Pater Bennet lächelte und sagte: „Aber dafür sind wir Priester doch da: um den Menschen Freude zu bringen!" Das war das Schönste, was ich jemals von einem Priester gehört hatte.

Norma wurde von ihrem Ehemann Willi begleitet, der bei seinen Schwiegereltern in Mexiko-Stadt bleiben wollte, solange seine Frau auf dem Einsatz war. Ich hätte mir keine besseren Reisebegleiter wünschen können! Norma und ich waren vom ersten Tag an ein Herz und eine Seele und sie schleuste mich bei jedem Airport-Sicherheitscheck, wo meine vielen Medikamentenpackungen im Handgepäck jedes Mal kritisch beäugt wurden, an den Security-Mitarbeitern vorbei. Sie erklärte ihnen, sie sei meine „persönliche ärztliche Begleiterin" und könne versichern, dass alle diese Medikamente für mich lebensnotwendig seien. Alles lief also wie am Schnürchen und Norma war für mich ein echtes Himmelsgeschenk!

Als wir nach zwölf Stunden Flug um 19 Uhr Ortszeit in Mexiko-Stadt ankamen, wurden wir am Flughafen Benito Juárez schon von Normas Eltern Josi und Ernesto, sie eine liebenswürdige Dame, er ein gebildeter Grandseigneur der alten Schule, erwartet. Sie wohnten in dem reizvollen südlichen Stadtteil Coyoacán in einem hübschen kleinen Haus und waren die liebenswürdigsten Gastgeber, die man sich vorstellen kann. Normas Schwester Betty, studierte Zahnmedizinerin und gleichzeitig promovierte Historikerin, was sicher eine seltene Kombination ist, war ebenfalls zu Gast. Ihrer Familie zuliebe hatte sie ihre Zahnarzt-Praxis aufgegeben und dann noch einmal studiert. Sie ist heute Expertin für die aztekische Geschichte und die zeitgeschichtlichen Hintergründe der Erscheinungen der Maria von Guadalupe. Sie wohnt in Puebla, doch wegen des infernalischen Verkehrs in Mexiko-Stadt übernachtet sie oft bei ihren Eltern, um schneller bei ihren Vorlesungen an der dortigen Universität sein zu können.

Sich mit Betty über Maria von Guadalupe zu unterhalten war wegen ihres Wissens und tiefen Glaubens außerordentlich bereichernd für mich. Ich konnte es kaum abwarten, endlich zu der Basilika zu fahren. Doch am nächsten Morgen mussten wir erst ins Einkaufszentrum, damit ich mir einen passenden 110-Volt-Fön und Norma sich eine Telefonkarte für Mexiko kaufen konnte. Anschließend machten wir uns endlich auf den Weg zur Madonna von Guadalupe. Normas Mutter Josi fuhr uns mit dem Auto dorthin, und wer diese in mehrspurigen Blechkolonnen sich dahin schlängelnden Verkehrsströme in Mexiko-Stadt erlebt hat, weiß, was für ein Opfer sie damit für uns erbrachte. Dieser Verkehr war sicher nichts für Leute mit schwacher Herzfunktion! Wir brauchten über eine Stunde, um die etwa sieben Kilometer vom Stadtzentrum entfernte Basilika der Maria von Guadalupe im Bezirk Gustavo A. Madero zu erreichen. Mein Herz klopfte, als wir endlich die mit grünen Bäumen gesäumte Allee entlangfuhren, und an deren Ende die berühmte 1976 erbaute größte Wallfahrtskirche Lateinamerikas vor unseren Augen auftauchte.

Besuch der Basilika von Guadalupe

Wir parkten in der riesigen Tiefgarage, und als wir über den Vorplatz auf den gigantischen modernen Rundbau, mit dem türkisgrünen Spitzdach zugingen, fing es an zu regnen, als ob wir an diesem heiligen Ort jetzt ein zweites Mal getauft werden sollten.

Dabei hatte ich das seltsame Gefühl, mich einem Sehnsuchtsort meines Lebens zu nähern – den zu besuchen mir schon immer bestimmt war. Dieses beeindruckende moderne Gotteshaus für 20.000 Pilger, dem vom Papst der Ehrentitel „*Basilika minor*" verliehen worden war, mit seinem mächtigen Steinkreuz obenauf, war in der Tat einzigartig. Es erinnerte in seiner Form fast ein wenig an ein überdimensioniertes Indianerzelt. Die frühere, 1709 fertig erbaute Basilika war wegen der Gefahr des Einsinkens in den weichen Boden bereits im Jahr 1970 geschlossen worden. Sie war mit roten Bändern abgesperrt und beherbergt nun nur noch ein kleines Museum. Als wir an diesem bewölkten Tag vor dem Hauptportal der Basilika standen, kam mir diese so unwirklich vor wie eine Fata Morgana. Das türkis gerahmte Hauptportal, die Puerta Mariana, hatte vier gleich große Türelemente als Eingang, die mit türkisen, goldenen und bronzefarbenen Kacheln verziert waren. Darüber las ich auf einer Tafel die berühmten tröstlichen Worte, die Maria zu dem Indio Juan Diego gesprochen hatte:

NO ESTOY YO AQUI, QUE SOY TU MADRE?

„Bin ich nicht hier, ich, deine Mutter?" Sie war Juan Diego zu diesem Zeitpunkt bereits dreimal erschienen, doch diesmal ging er einen anderen Weg als gewöhnlich. Denn sein Onkel Bernardino lag im Sterben und er suchte nach einem Priester, der diesem die Sakramente spenden könnte. Doch Maria wusste dies natürlich und so begegnete Juan Diego ihr völlig unerwartet auch auf diesem Weg.

Ja, dachte ich, Maria, unsere himmlische Mutter, war immer auch für mich da, wenn die Not am größten war und ich mit kindlichem Vertrauen um ihre Hilfe bat. Rechts neben dem Eingangsportal an einer Wand hing ein Dekret von Papst Franziskus anlässlich des 125. Jubiläums der päpstlichen Krönung der Maria von Guadalupe im Jahr 1895. Es versprach für alle eine *„Indulgencia Plenaria"*, einen vollkommenen Sündenablass, und zwar unter den folgenden Bedingungen:

- Aufrichtige Reue über die begangenen Sünden und Wunsch nach Vergebung
- Sakramentale Beichte
- Teilnahme an einer Messe in der Basilika von Guadalupe
- Gebet für die Anliegen des Papstes

Da Norma mich schon vor unserer Reise über diesen Ablass informiert hatte, habe ich vorher noch bei Pater Carlos gebeichtet, um das nicht in Mexiko auf Spanisch tun zu müssen. Als wir die Basilika betraten, fing gerade eine Heilige Messe an, sodass wir auch zur heiligen Kommunion gehen konnten. Obwohl die Bankreihen in der Kirche bereits mit Besuchern gefüllt waren, fanden wir noch nahe am Hauptaltar freie Plätze. Der Altar war mit prächtigen Blumengestecken geschmückt. An der Wand dahinter hing hinter Panzerglas das Gnadenbild der *Nuestra Senhora de Guadalupe*. An dem Bildnis konnte ich mich kaum sattsehen, es leuchtete und funkelte fast überirdisch im Schein der von der Decke hängenden Kristallleuchter. Die Königin des Himmels wirkte in ihrem Liebreiz so gegenwärtig, als wäre sie mitten unter uns. Ihr türkisfarbener Mantel war von 48 goldenen Sternen bedeckt – laut Aussage von Astronomen sollen diese genau die Sternenkonstellation am Tag ihrer Erscheinung darstellen. Ihre zierliche Gestalt war eingerahmt von leuchtenden Strahlen und umgeben von gräulichen Wolken. Über ihrem Gewand hielt sie die Hände gefaltet, als würden die Arme ein darunter verborgenes Geheimnis schützen. Ihr anmutiges Gesicht mit der getönten Haut und den zarten Zügen war das eines jungen Indio-Mädchens, der Kopf war demütig geneigt. Sie wirkte so, als wäre sie gerade erst aus dem Lichterkranz der Sonnenstrahlen hervorgetreten.

Die Gottesmutter stand auf einer schwarzen Mondsichel, die von einer geflügelten Gestalt mit beiden Armen gestützt wurde. Experten sehen darin den Indio Juan Diego Cuauhtlatoatzin, dem sie am 9. Dezember 1531, damals der Festtag der Unbefleckten Empfängnis, hier am Fuße des Hügels Tepeyac früh am Morgen zum ersten Mal erschienen ist – und zwar genau an dem Ort, wo laut Legende einst der Tempel der heidnischen Göttin der Fruchtbarkeit, Tonantzin, stand, in dem sie vom Volk der Azteken kultisch verehrt wurde. Der Familienname Juan Diegos bedeutet auf Aztekisch so viel wie „Sprechender Adler". Sowohl der gefiederte Adler zu Füßen der Erscheinung als auch die leuchtende Krone aus goldenen Sonnenstrahlen, aus denen die Himmelskönigin als Tochter der Sonne hervorzutreten scheint, waren für die Azteken, die vom Sonnengott abzustammen glaubten, bedeutsame Zeichen und Symbole. Die erloschene Mondsichel war für sie ein Bildzeichen für den gefürchteten, smaragdgrün gefiederten Schlangengott Quetzalcoatl, den sie mit blutigen Menschenopfern bei Laune zu halten versuchten.

„Ich wünschte", sagte ich mit Tränen in den Augen zu Norma, „Klaus wäre jetzt auch hier, um die Jungfrau von Guadalupe zu sehen." „Aber Klaus ist doch da, hier bei dir!", tröstete mich mein mexikanischer Schutzengel. Nach der Heiligen Messe betraten wir die Rollbänder hinter dem Altar, welche die gewaltigen Pilgerströme an dem Gnadenbild vorbeiführten. So konnten wir dieses berühmte, fast 500 Jahre alte Bildnis der Jungfrau Maria auf der aus dünnen und brüchigen Agavefasern gewebten Tilma Juan Diegos noch einmal aus der Nähe auf uns wirken lassen.

Reflexionen am Highway to Heaven

Während wir auf diesem auch *„Highway to Heaven"* genannten Rollband langsam unter dem Gnadenbild vorbeischwebten, fiel mir die Flagge Mexikos auf, die unter diesem aufgespannt war. Mir kamen die vielen blutigen Unabhängigkeitskriege in den Sinn, die diese Nation für ihre Freiheit in der Vergangenheit führen musste. Zu Beginn sogar unter der Standarte ihrer Schutzmadonna: Denn der Priester Miguel Hidalgo hatte am Morgen des 16. September 1810 an der Schwelle seiner Kirche in der Stadt Dolores mit dem Ruf „Es lebe unsere heiligste Mutter von Guadalupe" den Kampf für die Unabhängigkeit Mexikos gegen die spanischen Besatzer ausgerufen. Dieser Ruf ging als *„Grito de Dolores"* (Schrei der Schmerzen) in die Geschichte ein. Seitdem ist der 16. September in Mexiko ein Nationalfeiertag. Dass ich jetzt selbst einmal dieses stolze Land kennenlernen würde, kam mir immer noch wie ein Wunder vor.

**Ein kurzer Blick zurück ins
Reich der Götter der Azteken**

Im weißen Mittelteil der Nationalflagge Mexikos ist ein markantes Wappenbild zu sehen: ein Adler hält, auf einem Kaktus sitzend, eine Schlange im Schnabel. Diese Darstellung beruht auf einer alten Legende um die Gründung der aztekischen Hauptstadt Tenochtitlán im Jahr 1325. Als das damals noch nomadisch lebende Aztekenvolk einen geeigneten Ort für ihre zu gründende Hauptstadt suchte, beauftragte sie laut Legende ihr mächtiger mythischer Schlangengott Huitzilopochtli, einen Adler zu finden, der auf einem Kaktus sitzend eine Schlange verschlingt. Dieser Kaktus sollte auf einem Felsen mitten in einem See wachsen. Nach 200 Jahren des Herumwanderns fanden die Azteken genau dieses Zeichen auf einer kleinen Insel im morastigen Texcoco-See und gründeten dort ihre Hauptstadt Tenochtitlán, das heutige Mexiko-Stadt.

Ohne die Erscheinungen der Maria von Guadalupe im Jahr 1531 hätten Mittel- und Südamerika niemals in so kurzer Zeit zum Christentum gefunden. Um ihre Bedeutung für die mexikanische Geschichte ganz erfassen zu können, muss man einen Blick zurück werfen auf das einst so mächtige Aztekenreich mit seinen zahlreichen heidnischen Göttern und rivalisierenden, sich bekriegenden Indio-Stämmen der damaligen mittelamerikanischen Hochkultur. Obwohl sie bereits Zahlen und den Kalender kannten, eine ausgeklügelte Hieroglyphen-Schrift erfunden und eine prächtige Architektur entwickelt hatten, deren Reste wir heute noch bewundern können, hatten die Azteken auch erschreckend dunkle Seiten, blutrünstige heidnische Kulte und Zeremonien, welche die spanischen Eroberer und Missionare entsetzten. Die Azteken verehrten zahlreiche Götter, die sie teils auch bei ihren Kämpfen von anderen Nahua-Völkern, wie den Tolteken, übernommen hatten. Sie glaubten, dass ihre Götter Menschenopfer forderten und dadurch die den Menschen wohlgesonnenen Naturkräfte angezogen, die bösen jedoch abgewehrt würden. Denn das Universum sei aus dem Kampf zwischen Licht und Dunkelheit entstanden. Sonne, Regen, Wind und Feuer waren für die Azteken, wie die Planeten, personalisierte Mächte, die als Götter und Göttinnen verehrt und in ihren gewaltigen Tempeln angebetet wurden. Als „Volk der Sonne" fühlten sie sich berufen, ihnen regelmäßig Menschenblut darzubringen, um den Lauf der Sonne und den Fortbestand der Welt zu sichern. Wenn sie ihre Opfer vor den Altären in ihren Tempeln töteten, Sklaven oder Kriegsgefangene, aber auch Freiwillige und Kinder, schnitten ihre Priester ihnen bei lebendigem Leib das Herz mit einer scharfen Klinge – geschliffen aus erloschenem Vulkangestein – aus der Brust und rissen es heraus, oder sie zogen ihnen die Haut ab und aßen ihr Fleisch, dessen Reste sie dann von den Stufen der Steintempel herunterwarfen.

Eine der am meisten verehrten Gottheiten war der mit smaragdgrünen Federn bedeckte Schlangengott Quetzalcoatl, in Nahuatl „Leuchtende Schwanzfederschlange" oder „Gefiederte Schlange" genannt (bei den Maya ist er als „Kulkulan" bekannt). Als steinerne Schlange mit einem Kolibri im Maul ist Quetzacoatl in der berühmten Pyramidenstätte Teotihuacán in einem Steinrelief auf den Mauern eines eigens für ihn errichteten Heiligtums verewigt worden. Diese kleinere, Quetzalcoatl geweihte Pyramide ist das wichtigste Gebäude in der riesigen Kultstätte mit Tausenden Tempeln und Wohngebäuden, neben den beiden größeren, der Sonne und dem Mond geweihten Pyramiden. Um Quetzalcoatl zu ehren, haben die Azteken zu ihren großen Festen Tausende Menschen geopfert in der Hoffnung, dadurch mit den Göttern in Verbindung treten zu können. Auch dem in der aztekischen Mythologie als Kriegs- und Sonnengott verehrten mächtigen Schutzgott von Tenochtitlán, Huitzilopochtli, auch „Kolibri des Südens" oder „Kolibri der linken Hand" genannt, hatten sie nahe der Hauptstadt in Tlatilolco ein riesiges Heiligtum errichtet.

Bei dessen Einweihung 1487 sollen auf den Altären etwa 20.000 Krieger auf Befehl des aztekischen Kaisers Ahuitzotl für Huitzilopochtli geopfert worden sein. Doch das Massaker brachte den Azteken kein Glück. Da die vielen Toten nicht bestattet werden konnten, brach eine Epidemie aus. Die große aztekische Mutter- und Fruchtbarkeitsgöttin Tonantzin wurde genau an dem Ort, wo die Muttergottes Juan Diego erschien, als Schlangengöttin in einem ihr geweihten Tempel verehrt. Juan Diego selbst hat immer wieder betont, dass die Mutter des wahren Gottes den Platz der heidnischen Göttin Tonantzin als ein

Zeichen dafür ausgesucht hat, dass die wahre christliche Religion die aztekische abgelöst hat.

In jener Epoche der aztekischen Geschichte griff mit den Erscheinungen der Jungfrau Maria der Himmel ein – ähnlich wie durch das Erscheinen der Unbefleckten Jungfrau in Fatima fünf Jahrhunderte später, mitten im Ersten Weltkrieg.

**Woher stammten die Azteken,
ihr Reichtum und ihr Götterglaube?**
Ursprünglich stammten die Azteken aus Atzlán, von wo sie im 14. Jahrhundert in das Hochland von Mexiko eingewandert sein sollen. Sie selbst nannten sich Mexica – den Namen Azteken soll der berühmte deutsche Naturforscher Alexander von Humboldt ihnen zu Beginn des 19. Jahrhunderts gegeben haben. Nachdem sie auf der morastigen Insel im Texcoco-See ihre Hauptstadt Tenochtitlán gegründet hatten, bauten sie ihre Macht und Herrschaft in ständigen Eroberungsfeldzügen gegen benachbarte Stämme immer weiter aus. Ihre gemeinsame Sprache war Náhuatl und diese wird auch heute noch von ihren Nachfahren in Mexiko gesprochen. Die Azteken waren Astronomen, Architekten, Mathematiker, Ärzte und Philosophen, aber auch erprobte Feldherren und ausgezeichnete Händler. Sie lebten in einer hierarchischen Gesellschaft, Handwerk und Kunsthandwerk blühten. Durch eigene Erfahrung und Beobach-

tungen der Planeten hatten sie auf mathematischer Grundlage bereits einen Kalender entwickelt und gewaltige Pyramiden mit Tempeln und Wohnstätten für ihre zahlreichen Götter gebaut. Ihrer hieroglyphischen Schrift aus Bildern und Symbolen verdankt die Nachwelt alles, was wir heute über sie wissen, weil sie in ihren gefalteten Büchern, den Codices, auf Papier aus der Rinde eines Feigenbaums, viele Ereignisse aus ihrer Geschichte dokumentiert haben.

Hernán Cortés und die Eroberung Mexikos

Als Hernán Cortés am 22. April 1519 mit seiner Armee an der Golfküste von Mexiko landete und mit 600 Söldnern das etwa acht Millionen Menschen umfassende Volk der Azteken zu erobern begann, dauerte es zwei Jahre, bis ihr Kampfeswille brach. Zur Zeit der spanischen Eroberung waren die Azteken der mächtigste Indianerstamm Mexikos, ihr Herrscher war der gebildete und in Diplomatie und Kriegführung erfahrene Moctezuma II. Dieser Enkel von Kaiser Moctezuma I. hatte ein tiefes Verständnis von Politik und Religion. Vor seinem Krönungsritual, bei dem er mit der „Macht Gottes" ausgestattet wurde, war er bereits Hohepriester. Als Kaiser verfügte er über die höchste religiöse Autorität und war Befehlshaber aller Armeen. Seine Unentschlossenheit angesichts der fremden Eindringlinge, die zum Untergang seines Reichs führte, hing auch mit seiner philosophischen Weltsicht zusammen. Er sah in der Ankunft der Spanier das Ende eines Sonnenzyklus und glaubte, dass das Gute stets mit einschneidenden Ereignissen einhergeht, mit Schmerz und Vergänglichkeit, die aber unabänderlich zur aztekischen Existenz gehörten. Laut spanischen Quellen war Moctezuma aber auch wegen einer alten Prophezeiung von der Rückkehr des Gottes Quetzalcoatl verunsichert, die ein Traum seiner schwer erkrankten Schwester Prinzessin Papantzin im Jahr 1509 zu untermauern schien. In dem Traum wurde die Prinzessin von einem Wesen aus Licht ans Ufer eines Ozeans geführt, auf dem sie zahlreiche große Schiffe mit schwarzen Kreuzen auf den Segeln erblickte. Bei diesem Anblick wurde der Prinzessin erklärt, dass mit den Schiffen fremde Männer aus einem fernen Land kämen, um Mexiko zu erobern und dem Land den wahren Glauben an Gott zu bringen.

In seiner Hybris, unverwundbar zu sein, unterschätzte Moctezuma außerdem Cortés. Er hoffte, ihn mit großzügigen Geschenken aus Gold zur Umkehr bewegen zu können. Als die Spanier den Weg nach Tenochtitlán jedoch unbeirrt fortsetzten – in ihren Erzählungen war das damals die reichste und schönste Stadt der Welt –, sammelte Cortés unterwegs viele für ihn wichtige Informationen über das gewaltige

Vielvölkerreich, in dem zahlreiche Nahua-Stämme gegen die ständige grausame Unterjochung durch die Azteken rebellierten. Durch ihre hohen Tributforderungen und Menschenopfer hatten diese sich viele Feinde gemacht, was Cortés ausnutzte, indem er neue Allianzen mit den unterdrückten Stämmen schmiedete.

Als Cortés am 8. November 1519 in der Hauptstadt Tenochtitlán ankam und von Moctezuma in einer glanzvollen Zeremonie im Kreis seiner Granden ehrerbietig empfangen und in einem seiner schönsten Paläste einquartiert wurde, schien alles gut zu sein. Malinche, Cortés' Dolmetscherin und Geliebte, stand den Spaniern während der tagelangen Verhandlungen mit Moctezuma mit ihren Kenntnissen über die Gebräuche des Landes zur Seite. Als die Spanier dann jedoch unter dem Protest der Einheimischen ihr christliches Kreuz und Marienbilder aufstellen wollten, fühlte sich Cortés trotz aller Zeichen der Gastfreundschaft in großer Gefahr, wusste er doch um ihre blutigen Menschenopfer. Eine Woche später, als er auch noch von der Meuterei von einem seiner Männer in der Garnison in Veracruz erfahren hatte, fühlte er sich so bedroht, dass er Moctezuma, der in seinem Palast mit Dienern, Frauen und Konkubinen in jedem erdenklichen Luxus lebte, als Geisel gefangennahm, um die spanische Vorherrschaft zu sichern. Das Volk reagierte voller Wut auf die Spanier und forderte Waffen.

Wegen des Aufstands eines seiner Befehlshaber musste Cortés die Hauptstadt verlassen. Als er im Juni 1520 wieder nach Tenochtitán zurückkehrte, fand er die Indios in so großem Aufruhr vor, dass er Moctezuma aufs Dach des Palastes holte und ihn bat, seine Untertanen zu besänftigen. Doch in ihrer Wut griffen die Indianer ihn mit Steinschleudern und Pfeilen an, wobei Moctezuma so schwer verletzt wurde, dass er ein paar Tage später, am 29. Juni 1520, an seinen Wunden starb. Nur mit äußerster Not gelang daraufhin den Spaniern der Rückzug aus der Hauptstadt. Drei Viertel der spanischen Soldaten fielen dabei im Speerhagel oder wurden in den Tempeln getötet. Cortés, wohl auch gierig nach dem Gold und den sagenhaften Schätzen der Azteken, gab jedoch nicht auf. Er sammelte die erschöpften Streitkräfte und gemeinsam mit seinen indianischen Verbündeten gelang es ihm letztlich, die Hauptstadt zu erobern. Moctezuma II. war der letzte Herrscher des Aztekenreichs, bevor die Spanier Tenochtitlán mit seinen stolzen Palästen und Tempeln in Schutt und Asche legten und das eroberte Gebiet zum Königreich „Neu-Spanien" erklärten. Auf dem Weg dorthin hatten die Konquistadoren, oft mittellose Abenteurer und Glücksritter niederen Adels, die nach dem Ende der *Reconquista*, der Rückeroberung Spaniens von den Mauren, mit Cortés in den Kampf gezogen waren, reiche Beute an Gold, Silber, Juwelen und Kunstschätzen von unschätzbarem Wert gemacht.

Als nach zwei Jahren blutiger Schlacht der Widerstand der Indianer zusammenbrach, endete die aztekische Kultur. Gott, unser Vater, unser Schöpfer und weiser Weltenlenker, hatte eigene Pläne, um sie in sein Reich des Lichts und der Liebe zu führen. In den folgenden Jahren waren alle Versuche der Spanier, das eroberte mexikanische Volk zu missionieren, erfolglos. Erst die Erscheinungen der Jungfrau vom 9. bis 12. Dezember 1531 brachten die entscheidende Wende. Und zwar genauso wie die Muttergottes es Jahrhunderte später auch in Fatima den drei Hirtenkindern prophezeit hat: *„Am Ende wird mein Unbeflecktes Herz triumphieren!"*

Die Azteken hatten, wie berichtet wird, eine Vorliebe für die Farbe Türkis. Sie stellten ihren Schmuck aus smaragdgrünen und bunten Federn vom Quetzal, einem Schmetterling, oder vom Kolibri her. Es war auch die königliche Farbe und ist häufig in ihren Kunstwerken aus Jade oder auf ihren Ritualmasken zu finden. Vielleicht hat die Himmelskönigin die Farbe Türkis auch deshalb für ihren sternenübersäten Mantel ausgewählt!

Ob der Himmel vor 500 Jahren, als Hernán Cortés die Metropole des Aztekenkönigs Moctezuma II. eroberte, bereits die unkontrollierte Gewalt unter den Völkern vorhersah und wie bei Moses diese durch ein Gesetz der Liebe zu ersetzen plante? Denn nur unsere himmlische Mutter, vermag wie in der Offenbarung vorhergesagt, der Schlange und den finsteren Mächten den Kopf zu zertreten, und nur sie konnte die heidnischen Aztekenstämme in einer für sie verständlichen Sprache aus Bildern und Symbolen von der friedlichen Botschaft der Liebe ihres Sohnes Jesus Christus und der Auferstehung überzeugen.

Heilige Maria, Mutter Gottes, du hast der Welt das wahre Licht geschenkt, Jesus, deinen Sohn – Gottes Sohn. Du hast dich ganz dem Ruf Gottes überantwortet und bist so zum Quell der Güte geworden, die aus ihm strömt.

Papst Benedikt XVI. (DEUS CARITAS EST)

Bischof Zumárraga und die Wunder der Maria von Guadalupe

Wenn selbst der renommierte Erzbischof Georg Gänswein in seinem Buch vom *„Nine Eleven* unseres Glaubens" spricht, weil immer weniger Leute in Europa heute noch die Heilige Messe besuchen, scheint die Kirche als Leib Christi wirklich in arger Bedrängnis zu sein. Viele junge Leute kennen nicht einmal mehr das Kreuzzeichen oder das Vaterunser, geschweige denn die Bedeutung der großen liturgischen Feste. Der Glaube an Wohlstand und wissenschaftlichen Fortschritt hat den Glauben an die Erlösung durch Jesus Christus abgelöst und erkennt seine uns in den Evangelien überlieferte Botschaft nicht mehr als wahre Basis unserer Grundwerte an.

Weltweit hebeln Politiker und Gesetzgeber die Gebote Gottes aus, indem sie die christliche Familie als Schutzraum für Kinder zerstören, und Jugendliche werden mit zeitgeistaffinen Konzepten wie etwa sexueller Vielfalt und Gender-Mainstreaming indoktriniert. Das von fast allen Kulturen über Jahrhunderte praktizierte Ehemodell zwischen Mann und Frau im Sinne der Genesis wird der Ideologie totaler Selbstbestimmung geopfert und Jesu Worte *„Ich bin der Weg, die Wahrheit und das Leben"* stammen für viele aus dem Märchenbuch. Doch die so entwurzelte Jugend findet in grenzenloser Freiheit kaum Geborgenheit oder Orientierung, denn dies kann nur der Glaube an Gott und ein transzendentes Lebensziel geben, zu dem Jesus uns mit den Worten aufruft: *„Nicht ihr habt mich erwählt, sondern ich habe euch dazu bestimmt, dass ihr euch aufmacht und Frucht bringt und dass eure Frucht bleibt."* (Joh 15,1)

Doch die Menschheitsgeschichte lehrt: Wo immer der Glaube abnimmt, weil wir für Gott blind und für seine Stimme taub geworden sind, nimmt das Böse zu. Deshalb bittet die Unbefleckte Jungfrau Maria, die das ewige Wort kraft des Heiligen Geistes empfangen hat, die Menschen bei ihren Erscheinungen immer wieder um unser Gebet. Ihre Erscheinungen wirken auf uns wie ein Lichtstrahl, der in die Dunkelheit hineinleuchtet. Denn durch dieses Licht verlieren die Schlange und die dämonischen Mächte der

Finsternis, die nur zum Bösen anstiften wollen, ihre Kraft. Aus diesem Grund ist die Gnadenmutter auch vor 500 Jahren dem Indio Juan Diego in Mexiko in Gestalt einer anmutigen jungen Frau im Licht der Sonnenstrahlen erschienen, mit den ihm vertrauten Gesichtszügen und der dunklen Haut einer Mestizin. Und genau so wird sie bis heute von Millionen Lateinamerikanern liebevoll als *Morenita* verehrt und besungen.

Der erste Bericht über die Erscheinungen wurde in Mexiko von Antonio Valeriano, einem indianischen Gelehrten und Neffen des Kaisers Moctezuma, in aztekischer Sprache mit lateinischen Buchstaben aufgezeichnet. Und zwar unter dem Titel *Nican Mopohua* (übersetzt: „Hier wird berichtet"). Der im Jahr 1649 erstveröffentlichte Text wird wegen seiner Schönheit und Tiefe als „Juwel der Nahuatl-Literatur" und „Evangelium für die Neue Welt" bezeichnet. Der 1521 in Mexiko-Stadt geborene Antonio Valeriano kam bereits als Zwölfjähriger in das von Bischof Juan Zumárraga gegründete katholische Kolleg „Heilig Kreuz". Der Nahua-Gelehrte und Politiker Valeriano war auch ein enger Freund von Juan Bernardino und seinem Neffen Juan Diego, der nach dem frühen Tod beider Eltern bei seinem Onkel aufgewachsen war. Die beiden Indios gehörten mit zu den ersten Christen, die sich zwei Jahre nach der Ankunft der ersten Franziskaner taufen ließen, genauso wie auch Moctezumas Schwester, Prinzessin Papantzin. Onkel und Neffe scheuten den weiten Fußmarsch über die Hügel des Tepeyac vor Tagesanbruch nicht, um in dem neuen Kloster der Franziskaner in Tlatilolco von den Missionaren mehr über den neuen Glauben und die Liebe ihres Gottes zu den Menschen zu lernen. Gern besuchten sie auch die Heilige Messe, weil sie in der christlichen Religion Liebe und Frieden, Trost und Geborgenheit fanden. Nachdem im Jahr 1529 Juan Diegos mit ihm gemeinsam getaufte Ehefrau Maria Lucia starb, mit der er in Cautitlan in einer mit Maisstroh gedeckten Lehmhütte bescheiden von etwas Landwirtschaft und Lohnarbeit gelebt hatte, zog er zu seinem Onkel Bernardino in Tolpetlac, von wo der Weg zu ihrer geliebten Kirche in Tlatilolco nur neun Meilen weit entfernt war.

In jener Zeit war die Hauptstadt noch von großen Seen umgeben und nur über drei Dämme erreichbar. An der Landseite und auf dem ehemaligen Sumpfgebiet im See gab es große Städte und auf dem Wasser sah man unzählige Kanus. Die von Grün umgebene Inselstadt mit ihren bunten Marktplätzen war durch zahlreiche Brücken erreichbar und von Kanälen durchzogen. Die weißen Häuser und prächtigen öffentlichen Gebäude zeugten vom Reichtum der Hauptstadt. Nach der Zerstörung der Hauptstadt Tenochtitlán hatte Cortés als Erstes an Stelle der heidnischen Tempel Kirchen und Klöster für die Franziskaner-Missionare zur Verbreitung ihrer neuen Religion erbauen lassen. An dem Ort des Schreckens, wo der große Tempel des gefiederten Schlangengottes Huitzilopochtli stand, ließ er die Kirche *Santiago de Tlatilolco* errichten. Um die alte aztekische Kultur in eine neue christliche und europäische umzuwandeln, errichteten die spanischen Missionare im ganzen Land neben neuen Gotteshäusern auch Bildungsstätten für die Indios, Schulen und Hospitäler, besonders für die Armen.

Um das Land vor dem Machtmissbrauch der Eroberer zu schützen, ernannte König Karl V. nach sorgfältiger Überlegung den Prior des Franziskanerklosters von Abrojo in Spanien, Juan Zumárraga, zum ersten Bischof von Lateinamerika und entsandte ihn nach Mexiko. Ein weiser Entschluss und himmlischer Glücksfall: Denn Zumárraga war ein sehr gebildeter, frommer und umsichtiger Mann, demütig und von freundlichem Wesen. Er war unermüdlich um das Wohlergehen und die Missionierung der Indios und um ihre Gleichstellung bemüht, und er wehrte sich entschieden gegen deren Ausbeutung durch die Spanier. Schon bald erwies sich Bischof Zumárraga als überzeugender Botschafter der Gnadenmutter.

Der Botschafter der Muttergottes

Obwohl Juan Diego im Jahr 1531 bereits 57 Jahre alt war und sein Onkel Bernardino ihn aus Altersgründen nicht mehr begleiten konnte, setzte er seine weiten Fußmärsche, an die er seit früher Kindheit gewohnt war, fort, um die Heilige Messe zu Ehren seiner himmlischen Mutter zu besuchen und die heilige Eucharistie in beiderlei Gestalt zu empfangen. Was für ein Unterschied zu den furchterregenden heidnischen Opferritualen!

Da die Priester der Franziskaner den Indios im Unterricht erklärt hatten, dass die Muttergottes makellos rein und ohne Erbsünde vom Heiligen Geist empfangen wurde, brach Juan Diego am 9. Dezember 1531, damals das Fest der Unbefleckten Empfängnis, in aller Herrgottsfrühe wieder einmal auf zur Heiligen Messe nach Tlatilolco, um seine himmlische Mutter zu ehren. Mexiko-Stadt liegt über 2000 Meter hoch und der eisige Dezember-Wind pfiff ihm um die Ohren, als er sich dem noch im Dunkeln liegenden Tepeyac näherte. Auf einmal hörte er in der Stille wundervolle Klänge, wie ein liebliches Vogelkonzert, und vor den dunstigen Umrissen des Gipfels bildete sich eine leuchtendweiße Wolke, umhüllt von schimmernden Regenbogenfarben. Als die himmlische Musik verstummte, hörte er von ferne die sanfte Stimme einer Frau seinen Namen in einer zärtlichen Koseform rufen: „Juanito! Juan Dieguito!" Wie von einer unsichtbaren Macht angetrieben kletterte er den steinigen Berghang hoch. Plötzlich stand eine unbeschreiblich schöne junge Dame vor ihm, alles an ihr strahlte und leuchtete wie die Sonne, und nicht nur ihr Gewand, sondern auch die mit stacheligem Gestrüpp und dürrem Gebüsch bewucherte Umgebung war gänzlich von vielfarbigem Licht durchflutet. Überwältigt und wie benommen sank er vor der Frau auf die Knie. Sanft und liebevoll fragte sie: „Juanito, wohin gehst du?" „Edle Dame", antwortete er demütig, „ich bin auf dem Weg in die Heilige Messe!" Sie antwortete:

„Wisse, mein liebstes Söhnchen, dass ich die makellose und immerwährende Jungfrau Maria bin, die Mutter des wahren Gottes, durch den alles lebt, des Herrn aller Dinge, welcher der Herr über Himmel und Erde ist. Es ist mein inniger Wunsch, dass man mir hier ein Gotteshaus (teocalli) baue, wo ich meine ganze Liebe, mein Mitleid und Erbarmen, meine Hilfe und meinen Schutz den Menschen erweisen und schenken will. Ich bin eure erbarmungsreiche Mutter, die Mutter aller Menschen, all jener, die mich lieben, die zu mir rufen, die Vertrauen zu mir haben. Hier will ich auf ihr Weinen und ihre Sorgen hören und will ihre Leiden und ihre Nöte und ihr Unglück lindern und heilen. Und damit ich meine Absichten verwirklichen kann, gehe zu dem Haus des Bischofs in der Stadt Mexiko und sage ihm, dass ich dich gesandt habe und dass es mein Wunsch ist, dass hier ein Gotteshaus (teocalli) gebaut werde. Sage ihm, was du ge-

sehen und gehört hast. Sei versichert, dass ich mich sehr dankbar erweisen und dir alles vergelten werde, wenn du mit Sorgfalt ausführst, worum ich dich gebeten habe. Nun, da du meine Worte gehört hast, mein Sohn, geh und tue alles, was du tun sollst."

Juan Diego verbeugte sich ehrfürchtig und versprach: „Meine Heilige, meine Herrin, ich werde alles tun, worum du mich bittest." Gleich bei Sonnenaufgang machte sich der Witwer, durch die Worte aufgewühlt, in der eisigen Morgenkälte wieder auf den Weg via Hauptdamm über den Texcocosee und das nördliche Stadttor in die noch verschlafene Stadt. Verschüchtert und ängstlich klopfte er an die Tür der bischöflichen Residenz. Ob die hohen Herren ihm dort wohl Glauben schenken würden? Doch wie befürchtet, ließ der argwöhnische Diener den ärmlich aussehenden Indio, der sich vor Kälte zitternd in seine dünne Tilma gewickelt hatte, über eine Stunde in dem zugigen Patio warten.

Als er endlich zum Bischof vorgelassen wurde, behandelte dieser ihn mit der ihm eigenen Güte und Höflichkeit. Er ließ seinen jungen spanischen Dolmetscher Juan Gonzales holen, der mit seinen 31 Jahren schon alle Missionsstationen im Land besucht und die aztekische Sprache erlernt hatte. Nachdem Juan Diego dem Bischof seine unglaubliche Geschichte vorgetragen hatte, war dieser von seiner Aufrichtigkeit, seinem bescheidenen Auftreten und der Ernsthaftigkeit seines tiefen Glaubens überzeugt. Doch aus Vorsicht bat er ihn trotzdem um Bedenkzeit; er sollte ein andermal wiederkommen, wenn er mehr Zeit hätte, ihm zuzuhören. Bedrückt, weil er den Wunsch der Himmelskönigin nicht erfüllen konnte, trat Juan Diego den kilometerlangen weiten Weg zurück Richtung Tepeyac an. Wie von unsichtbarer Hand geführt, zog es ihn dabei wieder den steinigen Hügel hoch, wo die edle Dame in ihrem übernatürlichen Strahlenglanz schon auf sein Kommen wartete. Traurig erklärte Juan Diego ihr, was passiert war, und entschuldigte sich für sein Versagen. Um sie nicht wieder enttäuschen zu müssen, bat er sie, da er ja nur ein simpler Bauer sei, jemand von höherem Rang und Stand zum Bischof zu schicken, dem man dort gewiss mehr Glauben schenken würde. Doch ihre Antwort war eindeutig: *„Höre, mein liebster Sohn, und wisse, dass ich viele Diener und Boten habe, die ich mit der Überbringung meiner Botschaft beauftragen könnte. Doch ist es ganz und gar notwendig, dass du derjenige sein sollst, der diese Mission ausfüllt, und dass durch deine Vermittlung und deine Hilfe mein Wunsch erfüllt werden soll. Ich bitte dich dringend, morgen wieder zu dem Bischof zu gehen. Sage ihm in meinem Namen und lasse ihn ganz genau meine Anordnung verstehen, dass er die Errichtung des Gotteshauses, worum ich bitte, ausführen soll. Wiederhole ihm, dass ich persönlich es bin, die immerwährende Jungfrau Maria, die Mutter Gottes, die dich sendet.*

Juan Diego versprach der edlen Dame, den Bischof am nächsten Morgen wieder aufzusuchen und alles zu tun, um ihn von ihrem Erscheinen zu überzeugen. Am nächsten Morgen, nach dem Besuch der Heiligen Messe in der Kirche *San Santiago* in Tlatilolco, machte er sich deshalb wieder auf den Weg in die nahe Stadt, voller Sorge, ob die Diener ihn, den ungebildeten Indio, wieder einlassen würden. Nachdem er wieder stundenlang geduldig in der Kälte gewartet hatte, führte ihn ein Diener sichtlich verärgert zum Bischof. Erstaunt, ihn so rasch wiederzusehen, hörte dieser sich die unter Tränen vorgetragene Botschaft von der Unbefleckten Jungfrau aus dem Mund des unterwürfig vor ihm knienden Juan Diego an. Berührt von seiner Demut und Ehrerbietung, legte der Bischof gütig die Hand auf seine Schulter und bat ihn, ihm alles, was sich von Anfang an auf dem Tepeyac zugetragen hatte, noch einmal genau zu berichten. Obwohl er ihn für glaubwürdig hielt, erbat sich Bischof Zumarrága noch ein Zeichen, um ganz sicher sein zu können, dass der Indio nicht doch Traumvisionen oder Halluzinationen zum Opfer gefallen war.

Juan Diego versicherte ihm, sofort wieder auf den Hügel zurückzukehren und die Himmelskönigin für ihn um ein Zeichen zu bitten. Kaum war Juan Diego weg, beauftragte der Bischof ein paar zuverlässige Leute, ihm heimlich zu folgen und zu berichten, ob etwas Wahres an der Geschichte sei. An einem tief in den Felsen eingeschnittenen Hohlweg war der Indio jedoch plötzlich unauffindbar verschwunden. So wurde dem Bischof gemeldet, dass Juan Diego mit Sicherheit ein Schwindler sei. Währenddessen war er den steinigen Weg hochgeklettert, wo er sich unversehens wieder im dichten Strahlenglanz der Himmelsmutter fand, geschützt vor seinen Verfolgern. Er warf sich ihr zu Füßen und schüttete ihr sein Herz aus, bekümmert, dass er den Bischof wieder nicht hatte überzeugen können. Doch mit liebevollem Lächeln beruhigte sie ihn: *„Es ist sehr gut, mein Söhnchen. Komm morgen hierher zurück, und du sollst das Zeichen erhalten, das er verlangt hat. Dann wird er glauben und nicht länger zweifeln und dich verdächtigen. Achte gut auf das, was ich sage, mein Söhnchen: Ich werde dich reich entschädigen für allen Verdruss und alle Arbeit und Mühen, die du für mich hattest. Du kannst nun nach Hause gehen. Morgen werde ich hier auf dich warten."*

Als er dann voller Freude nach Tolpetlac zurückkehrte, fand er seinen geliebten Onkel Bernardino in der Hütte in einem beängstigenden Zustand vor. Er hatte Fieber und litt offensichtlich an *Cocolixtle*, einer tödlichen Krankheit, gegen die der Dorfarzt mit seinen Heilkräutern nichts ausrichten konnte. Als er am Morgen seinen Neffen bat, einen Priester zu holen, machte sich Juan Diego gleich um vier Uhr früh auf den Weg, um seinem Onkel diesen Wunsch zu erfüllen – obwohl er eigentlich zu der Jungfrau gehen sollte.[6] Um ihr auszuweichen, wählte er diesmal einen anderen Weg nach Tlatilolco aus, quer über den Hügel. Doch plötzlich erschrak er, weil er die Himmelskönigin im Lichterglanz schräg über den Berg auf sich zukommen sah. *„Bin ich denn nicht hier, ich deine Mutter?"*, hörte er ihre zärtliche Stimme. Vor Scham wäre am liebsten in den Erdboden versunken. *„Was ist geschehen, mein Söhnchen? Wohin gehst Du?"*

Verwirrt ging Juan Diego auf sie zu und fiel vor ihr auf die Knie. Betrübt erklärte er ihr, was geschehen war, und versicherte ihr, sofort in die Stadt zum Bischof zu gehen, sobald er den Priester zu seinem sterbenden Onkel Bernardino geholt hatte. Mit dem Versprechen, am nächsten Morgen wiederzukommen, bat er sie demütig um Vergebung und Geduld, da er sie nicht hatte betrügen wollen. Ihr Mitleid und ihre zärtlichen Worte rührten ihn fast zu Tränen.

„Höre und lass es in dein Herz dringen, mein liebstes kleinstes Söhnchen. Nichts soll dich erschrecken, nichts dich betrüben, nicht soll sich dein Antlitz, dein Herz verfinstern. Fürchte nicht diese Krankheit noch irgendeine andere Krankheit oder einen Kummer, einen Schmerz. Bin ich denn nicht hier, deine Mutter? Bist du denn

---

[6] In Mexiko kursieren auch andere Versionen, etwa über einen tödlichen Speerangriff auf Onkel Bernardino, was wohl Bezug nahm auf einen Aufstand der Indios gegen die Christen.

nicht in meinem Schatten, unter meinem Schutz? Bin ich nicht der Brunnen deiner Freude? Bist du nicht in den Falten meines Mantels, in der Beuge meiner Arme? Brauchst du noch mehr als das?"

Juan Diego berührten ihre Worte so sehr, dass er sofort zum Bischof eilen wollte, um ihm diese Botschaft zu übermitteln. Doch sie bat ihn, stattdessen zu dem Ort oben auf dem Berg zurückzugehen, wo er sie zuvor getroffen hatte, um dort für sie einen Blumenstrauß zu pflücken. Verwundert, wie plötzlich auf dem gefrorenen Boden im Dezember Blumen gedeihen sollten, kletterte er den Hang hoch und sah dort, wo sonst nur Disteln, Mezquite-Sträucher und Kakteen wuchsen, bunt leuchtende Blumen und duftende kastilische Rosen. Juan Diego pflückte einen Strauß und wickelte ihn behutsam in seinen Poncho. Damit kehrte er wie versprochen zu dem Ort, wo die Jungfrau auf ihn wartete, zurück.

„Mein Söhnchen, diese verschiedenartigen Blumen sind das Zeichen, das du dem Bischof bringen sollst. Sage ihm in meinem Namen, dass er daraus meinen Willen erkennen soll und ihn erfüllen muss. Du sollst mein Botschafter sein, der mein ganzes Vertrauen verdient. Ich empfehle dir, die Tilma nicht zu öffnen, ihren Inhalt nicht zu enthüllen, als erst in seiner Gegenwart. Dann sage ihm alles. Schildere, wie ich dich nach oben auf den Hügel geschickt habe, wo du diese Blumen in verschwenderischer Fülle

fandest, darauf wartend, gepflückt zu werden. Erzähle ihm erneut alles, was du hier gesehen und gehört hast, um ihn anzutreiben, meinen Wünschen nachzukommen und das Gotteshaus hier zu bauen, wie ich gebeten habe."

Juan Diego verbeugte sich ehrfurchtsvoll vor der bezaubernd schönen jungen Dame und eilte mit Herzklopfen schnellen Schritts wieder den Weg zurück Richtung Stadt. Er fürchtete, dass das Wachpersonal ihn wieder stundenlang warten ließ, um den Bischof zu sehen. Die Diener verspotteten ihn und ließen ihn wieder vor der Tür in der Kälte warten. Als ihn ein Diener endlich einließ, bedrängten ihn alle, um zu sehen, was er in seiner Tilma versteckt hielt. Als Juan Diego seinen Umhang widerstrebend einen Spalt öffnete, waren alle so überwältigt von dem Duft, dass sie die Blumen anfassen wollten, die jedoch vor ihren Augen wie eine Stickerei fest mit dem dünn gewebten Stoff zu verschmelzen schienen. Aufgeregt meldeten sie dem Bischof, was sie gesehen hatten. Dieser verstand sofort, dass es das von ihm gewünschte Zeichen der Jungfrau war. Sofort bat er Juan Diego in den Kreis seiner illustren Besucher, unter denen auch der neue Gouverneur von Mexiko, Bischof Sebastian Ramirez y Fuenleal, war. Die Tilma behutsam am Körper festhaltend, berichtete Juan Diego alles über dieses für Bischof Zumárraga bestimmte Zeichen der Madonna. In dem Moment, als er für sie seine Tilma öffnete, fielen die kastilischen Zuchtrosen auf den

Boden und verbreiteten im ganzen Raum einen unbeschreiblichen Duft.

Das Gnadenbild erscheint vor den Augen des Bischofs auf Juan Diegos Poncho

Sprachlos starrte der Bischof auf die bunte Pracht zu seinen Füßen und dann zu Juan Diego. In dem Augenblick erschien wie durch Zauberhand das liebliche Bild der Muttergottes wie ein Gemälde auf dem Gewebe seines Ponchos. Der Bischof und seine Besucher fielen voller Ehrfurcht auf die Knie. Erstaunt schaute Juan Diego an sich herab und als er das Abbild der Jungfrau auf dem groben Stoff seiner Tilma sah, dachte er, sie wäre nun selbst gekommen, um von ihrer Gegenwart und der Wahrheit ihrer Erscheinungen Zeugnis zu geben. Der Bischof umarmte Juan Diego und bat ihn, bei sich zu übernachten. Am nächsten Tag wollte er gemeinsam mit ihm zu dem Ort gehen, wo die Muttergottes sich ein Gotteshaus wünschte. Die Tilma mit dem kostbaren Bild brachte er zum Schutz in seine Privatkapelle, um sie am nächsten Tag in einer Prozession zur Kathedrale bringen zu lassen. Da sich das Wunder in Windeseile überall herumsprach, wurde er schon von einer staunenden Menge erwartet. Nachdem Bischof Zumárraga den Ort der Erscheinungen gesehen hatte, ordnete er unverzüglich an, dort der Muttergottes vorerst eine kleine Kapelle errichten zu lassen, bis man einen Plan für ein größeres, würdigeres Gotteshaus erstellt hatte.

Als Juan Diego danach darum bat, seinen kranken Onkel besuchen zu dürfen, bestand der Bischof darauf, ihm einige seiner Leute und Priester als Ehrengeleit mitzuschicken. In Tolpetlac angekommen, fanden sie Onkel Bernardino vollkommen genesen vor seinem Haus sitzend vor. Erstaunt lauschten alle seinem Bericht, wie an dem Morgen sein Haus plötzlich von einem Licht durchflutet worden und ihm eine wunderschöne junge Frau erschienen war. Sie hätte so viel Liebe und Frieden ausgestrahlt, dass sein Fieber wich und er sich augenblicklich wieder vollkommen gesund fühlte. Sie berichtete ihm, dass sie es war, die seinen Neffen unterwegs aufgehalten und zum Bischof geschickt habe, mit ihrem heiligen Bild, das sie seiner Tilma eingeprägt habe. Bei dieser Erscheinung verriet sie Onkel Bernardino auch, wie sie in Zukunft genannt werden möchte und dass ihr Neffe Juan Diego dies dem Bischof mitteilen solle. Als der Dolmetscher dann, vermutlich durch einen phonetischen Irrtum, den gewünschten Titel als „Die immerwährende Jungfrau, die heilige Maria von Guadalupe" übersetzte, wunderte sich Bischof Zumárraga, da Guadalupe der Name eines berühmten Wallfahrtsortes in Spanien war.

Erst 1895 kam Professor Dr. Mariano Jacobo Rojas, der Direktor für Nahuatl-Sprachen am Nationalmuseum für Archäologie, Geschichte und Ethnografie, nach gründlicher wissenschaftlicher Untersuchung dem Rätsel des Namens auf die Spur. Er war überzeugt, dass die Jungfrau in ihrer Botschaft an Juan Bernardino sehr wahrscheinlich das aztekische Wort *Coatlaxopeuh* gebraucht hatte, das übersetzt „Schlangenzertreterin" bedeutet oder „jemand, der die Schlange zertritt, zerstört, vernichtet". Experten meinen, dass die Gottesmutter damit den Schlangengott Quetzalcoatl meinte, dem die Azteken Menschenopfer brachten. Es liegt ein schriftliches Zeugnis von Bischof Zumárraga vom 24. Dezember 1531 vor, in dem er Cortés zu einer Triumphprozession einlud. Dabei sollte das Gnadenbild von der Hauptstadt in eine erste kleine Steinkapelle, Klause genannt, zur Anbetung gebracht werden. In diesem Brief bezeichnete der Bischof die Madonna als „Unbefleckte Jungfrau". Die Indigenen nennen sie aber bis heute in ihrer Sprache „Unsere Liebe Frau von Guadalupe", da es phonetisch genauso wie „Schlange vernichten" klingt.

Als der Bischof mit seinem gesamten Klerus, mit Priestern und Ordensleuten, das Bild in die Klause übertrug, war dies für die Einheimischen ein grandioses Schauspiel. Dass die Madonna erschienen war, hatten die spanischen Franziskaner- und Dominikaner-Missionare schnell im ganzen Land verbreitet, sodass immer mehr Indios zu der 25 Quadratmeter kleinen Klause – *Ermita* genannt – pilgerten, um der Königin des Himmels, ihrer neuen Mutter, an dem

Ort, wo früher die Göttin Tonantzin verehrt wurde, Ehre zu erweisen. Juan Diego, der zum Stamm der Chicimeca-Indianer gehörte, zog auf Bitten des Bischofs bald ganz in die Klause, um das Heiligtum zu hüten, und blieb dort bis zu seinem Tod am 30. Mai 1548. Er wurde Zeuge vieler Wunder und Heilungen und bekehrte viele seiner Landsleute zum Christentum. Anfangs wollten nur Sterbende getauft werden, aber bald immer mehr, sodass die Missionare kaum nachkamen. Bald wurden auch erste Kopien des heiligen Bildes mit der Geschichte der Erscheinungen in Nahuatl, einer Sprache der Indigenen, in Umlauf gebracht, sodass das Wunder nicht nur im Land der Eroberer, in Spanien, sondern auch in dem ganzen riesigen Land Mexiko bekannt wurde. Im Jahr 1570 wurde eine Kopie des Bildes an König Philipp II., Sohn und Nachfolger von Kaiser Karl V., nach Spanien geschickt. Der König schenkte dieses seinem Halbbruder Juan de Austria, der als unehelicher Sohn von Kaiser Karl V. und der bürgerlichen Barbara Blomberg aus Regensburg zur Welt kam und bei Pflegefamilien in Spanien eine standesgemäße Erziehung genoss, bis ihn König Philipp II. auf testamentarischen Wunsch des Vaters als Juan de Austria am spanischen Hof einführte. Als Oberbefehlshaber der Flotte der Heiligen Liga führte Juan de Austria am 7. Oktober 1571, bei seiner siegreichen Schlacht gegen die Osmanen bei Lepanto, das Bild der Gnadenmutter aus Mexiko in seiner Kabine mit sich.

Glaubwürdige Zeitgenossen sind überzeugt, dass allein die rasche Verbreitung des Bildes und der Geschichte der Erscheinungen der Maria von Guadalupe plausibel erklären könne, wie es in einem Zeitraum von zehn Jahren zu der erstaunlichen Massenbekehrung von neun Millionen Menschen kommen konnte. Und das in einer Zeit, in der die römisch-katholische Kirche in Europa fünf Millionen Gläubige an Luther verloren hat! Was die spanischen Missionare nach der Eroberung kaum erreicht haben, gelang durch den himmlischen Eingriff der Mutter Gottes mit ihrer Lehre der reinen Liebe und des Friedens. Diese sprach eine tiefe Sehnsucht der indigenen Bevölkerung an, die schon lange glaubte, dass die aus den Sonnenstrahlen hervortretende Mutter des wahren Gottes, aus dem alles Leben kommt, viel mächtiger ist als alle ihre Götter. Dieser Glaube wurde auch noch durch ein anderes bedeutungsvolles Zeichen auf dem Kleid der Jungfrau bestärkt: eine vierblättrige, von einem Kreis zusammengehaltene Blume an den Enden ihres Gürtelbandes, mit dem Namen „*Flor Solar*". Als Knotenpunkt zwischen Himmel und Erde war diese Blume für die Azteken ein Symbol des Lebens, weshalb sie überzeugt waren, dass sich unter der rosa Tunika der Himmelsmutter auch noch das Geheimnis verbarg, dass sie ein Kind erwartete.

Mit der festlichen Heiligsprechung des ersten lateinamerikanischen Indigenen, Juan Diego Cuauhtlatoatzin, die am 31. Juli 2002 in der Basilika von Guadalupe stattfand, würdigte Papst Johannes Paul II. diese in der christlichen Geschichte einmalige Bekehrungswelle. Schon bei seinem Besuch am 27. Januar 1979 erklärte der Papst: „Seitdem Juan Diego von der Lieben Frau vom Tepeyac kündete, trittst Du, Mutter von Guadalupe, in entscheidender Weise in das christliche Leben des Volkes von Mexiko ein. Denn erst ihre Erscheinungen haben die Aussöhnung der Kulturen als Modell für die multiethnischen Rassen in ganz Lateinamerika zu einem Volk der Muttergottes möglich gemacht." Dies war der Grund, warum Papst Johannes Paul II. Maria von Guadalupe auch mit dem Titel „Stern der Neuevangelisierung" bedachte. Die Mexikaner dankten ihm dies mit einer imposanten Statue zu seinen Ehren auf dem Platz neben der Basilika. Auf einer Plakette sind dort zur Erinnerung die Daten der Selig- und Heiligsprechung des großen polnischen Papstes eingraviert, mit den schönen Worten: „EN HONOR A SAN JUAN PABLO" und „MEXICO SIEMPRE FIEL."

Willst du mit der seligsten Jungfrau
verwandt sein, so kommuniziere.
Wenn du das heilige Sakrament
empfängst, so empfängst
du Fleisch von ihrem Fleisch
und Blut von ihrem Blut.

Hl. Franz von Sales

Das alte Dilemma: Glaube versus Wissenschaft

Am Tag vor unserer Abreise nach Cancún wären wir eigentlich in Puebla bei einem Bekannten von Normas Schwester Betty, Dr. Alejandro Pedroza Meléndez, eingeladen gewesen. Dr. Pedroza Meléndez hatte als Ingenieur für Mikroelektronik und Biomedizin jahrelang das Bildnis der Heiligen Jungfrau erforscht, insbesondere ihre Augen, und zusammen mit Carlos Salinas Saucedo seine Ergebnisse in einem Buch veröffentlicht. Letzterer ist der Sohn von Carlos Salinas Chavez, der bereits 1946 mit einer Lupe in der Pupille der Jungfrau die Reflektion des Oberkörpers eines Mannes mit Bart entdeckt hatte. Carlos Salinas Saucedo, der schon als Junge die Forschungen des Vaters an den Augen der Maria von Guadalupe mit großem Interesse verfolgt hatte, machte später Karriere als TV-Produzent und gilt als Experte für hochauflösende digitalisierte Fotografie. Heute leitet er ein von der Autonomen Universität des Staates Puebla (UPAEP) gegründetes Zentrum für Studien über Maria von Guadalupe und verwaltet mit anderen Kollegen das Erbe seines Vaters. Nach wie vor versucht die Forschung zu beweisen, dass das Bildnis der heiligsten Jungfrau auf der Tilma von Juan Diego kein von Menschenhand gemachtes Werk, sondern ein Wunder ist.

Da Dr. Alejandro Pedroza von Betty erfahren hatte, dass ich als Autorin und Journalistin sehr an den neuesten Erkenntnissen über die Echtheit des Bildes interessiert bin, war er gerne bereit, Norma und mich bei sich zu einem Glas Wein und Tapas zu empfangen und meine Fragen zu beantworten. Da an dem Tag aber alle Maut-Stationen in und rund um Mexiko-Stadt bestreikt wurden, war es für uns unmöglich, nach Puebla zu kommen. Stattdessen ließ der freundliche Autor uns sein Werk *„La VIRGEN de GUADALUPE en la Cienca del siglo XXI"*[7] per Post zukommen, das seine Fotografien und neuesten Erkenntnisse über das 500 Jahre alte Bildnis enthält.

Der Himmel wusste wohl schon damals, dass die Erscheinungen der Muttergottes auf dem Tepeyac-Hü-

---

[7] Ed. Buena Prensa 2015 u. 2019.

gel in späteren Zeiten bezweifelt, als Halluzination ungebildeter Indios oder Betrügerei der spanischen Eroberer und Missionare abgetan würde. So hat die Jungfrau nicht nur für die Azteken Zeichen und Symbole auf Juan Diegos Tilma hinterlassen, sondern auch für die zukünftigen Wissenschaftler. Diese lassen sich nur mit Methoden aufdecken, die damals noch unbekannt waren.

Spuren deuten darauf hin, dass das Bildnis der Jungfrau nicht von Menschenhand gemacht sein kann. Weder die Salpetersäure, die bei einer Reparatur des Rahmens 1791 über die rechte Bildhälfte floss, noch eine in einem Bukett aus Rosen versteckte Bombe, die 1921 vor dem Bild explodierte und rundum Schaden anrichtete, konnten ihm etwas anhaben. Bei der Explosion zersprang noch nicht einmal die Glasscheibe vor dem Bild. Die überraschendste Erkenntnis stammt jedoch von der Fotografie: Im Jahr 1929 entdeckte der Fotograf A. M. Conzales und 1956 der oben schon erwähnte Carlos Salinas Saucedo, dass sich im rechten Auge der Muttergottes Personen widerspiegelten.

Durch die heutigen technischen Möglichkeiten der computergestützten Digitalisierung, bei der das Bild immer weiter in winzig kleine Quadrate aufgeteilt wird, wurde bestätigt, dass sich auf der Iris der Bischof und seine Besucher widerspiegelten, und zwar perspektivisch richtig, also so, wie sie zum Zeitpunkt des Erscheinens des Bildes auf Juan Diegos Tilma dort gestanden haben. Diese Spiegelung wirkt wie eine Miniatur-Fotoaufnahme aus einer vergangenen Zeit, in der weder die Physiologie noch die Krümmungsgesetze des Auges überhaupt bekannt waren.

Mit Hilfe der modernen Digitaltechnik sind in der 70-fachen Vergrößerung insgesamt acht Personen zu erkennen: ein Indio, der seinen Umhang ausbreitet, ein Mann im braunen Habit eines Franziskaners – Bischof Zumárraga –, ein junger Eingeborener und eine Frau mit krausem Haar sowie vier weitere Personen. Kein noch so begabter Miniaturmaler hätte damals dieses Kunstwerk auf dieser winzigen Fläche hinzaubern können. Genau diesem Thema widmete sich auch Dr. Alejandro Pedroza Meléndez, den ich sehr gerne persönlich in Mexiko kennengelernt hätte. In seinem Bildband zeigt er sensationelle Fotos zu den neuen Entdeckungen in den Augen der Jungfrau von Guadalupe, die erst die technischen Möglichkeiten des 21. Jahrhunderts sichtbar machen.

Auch NASA-Experten beschrieben, dass sie bei ihren Untersuchungen mit modernsten augenärztlichen Instrumenten außergewöhnliche Phänomene entdeckten. Denn die Netzhaut der Augen am Bild der Maria von Guadalupe weite und verenge sich je nach Lichteinwirkung wie menschliche Augen, als wäre sie lebendig. Auch die Temperatur der Kleidung des Gnadenbildes liege immer bei genau 36,6 Grad, was der menschlichen Körpertemperatur entspricht. Und mit Hilfe eines am Gürtel der Muttergottes angebrachten Stethoskops zeigte sich ein Puls-Wert von 115 pro Minute, was dem Puls eines Embryos im Mutterleib entsprechen würde. Auch die Farbuntersuchungen von NASA-Experten haben bestätigt, dass die Farbpartikel auf dem Gewand auf der Erde chemisch nicht existieren oder jemals existiert haben![8]

Normas Schwester Betty fragte mich einmal, warum der christliche Glaube in Deutschland immer mehr der Verweltlichung zum Opfer falle und selbst viele unserer Hirten und Bischöfe sich vom Lehramt der Kirche und dem traditionellen Volksglauben so weit entfernten, dass sie eine Spaltung riskierten. Ich war erstaunt, wie informiert sie über die Lage in Deutschland war. Ich antwortete, dass dies vielleicht auch am Erbe des Protestantismus liege und den heute immer stärker werdenden Bestrebungen, Einheit unter den

---

[8] Wer mehr über die vielen Wunder erfahren möchte, besonders auch jene noch zu Lebzeiten Juan Diegos, dem empfehle ich neben Paul Baddes bereits erwähntem Buch auch die Lektüre von Frances Johnstons ausführlichem Werk *„The Wonder of Guadalupe"*, 1981 in England bei AUGUSTINE PUBLISHING COMPANY, CHULMLEIGH, Devon erschienen, auf Deutsch beim Christiana-Verlag in der Fe-Medienverlags GmbH, 2020 Neuerscheinung unter dem Titel: „GUADALUPE – So hat er keinem Volk getan".

Religionen zu erzielen. Für einen übertriebenen Marienkult sei da nicht viel Platz. „Aber liegt es nicht auch am einzelnen Menschen? Ob er die Gnade Gottes und das Wirken des Heiligen Geistes in seiner Seele zulässt?", fragte Betty. Ich nickte. „Wie du ja weißt, sieht man nur mit dem Herzen gut, verrät der Kleine Prinz in der Erzählung von Antoine de Saint-Exupéry, da das Wesentliche für die Augen unsichtbar ist. Und ihr Mexikaner seid offensichtlich ein Volk mit viel Herz!"

Und so hängt es oft auch von der eigenen Offenheit ab, ob man einen Zugang zu Maria von Guadalupe findet. Die einen sind von ihr sofort fasziniert und seelisch berührt, wenn sie ihr Bildnis anschauen und ihre tröstlichen Worte an Juan Diego aus Valerianos *Nican Mopohua* lesen. Sie brauchen keine Beweise, um glauben zu können. Bei anderen gewinnt der kritische Verstand die Oberhand und jeder wissenschaftliche Beweis für die mögliche Echtheit des übernatürlichen Bildes wird genau geprüft. Für manche wiederum kann es Gottes Eingreifen in die Welt schlicht und einfach nicht geben. Aber selbst der Pastorensohn und große Philosoph Friedrich Nietzsche hat am Ende seines Lebens gesagt, dass es viel koste, ohne Glauben zu leben. Wie immer stellt sich dabei die Frage: Glauben wir Christen also an eine übernatürliche Wirklichkeit, die alles Irdische übersteigt und aus der auch wir stammen, oder nicht?

Durch Marias zärtliche, weibliche Mütterlichkeit erscheint Gottes liebevolles Handeln an uns in einem neuen menschlichen Licht, das unser Herz berührt. Gott zeigt uns in Maria den Weg zur Heiligung durch Christus, weil seine Gnade und Liebe mächtiger sind als jede Erbsünde oder menschliche Schuld. Betty, Expertin für Maria von Guadalupe, hat mir dazu noch erklärt, dass Maria für uns nicht primär nur ein Vorbild ist, sondern dass vielmehr erst durch ihr vertrauensvolles Ja zur Verheißung Christus in die Welt kommen konnte.

Gegrüßet seist du Maria, voll der Gnade, der Herr ist mir dir. Du bist gebenedeit unter den Frauen und gebenedeit ist die Frucht deines Leibes, Jesus. Heilige Maria, Mutter Gottes, bitte für uns Sünder, jetzt und in der Stunde unseres Todes.

Wenn sie das Ave Maria, eines der meistgesprochenen Gebete der Christenheit, gebetet haben, haben gewiss auch die Indigenen in Mexiko damals den neuen Glauben nicht nur mit dem Verstand, sondern vor allem auch mit dem Herzen in so kurzer Zeit annehmen können.

TEIL IV

*Wenn wir wahrhaft heilige Sehnsucht
im Herzen tragen, werden wir
zur Liebe gelangen.
Die Nächte werden heller als der Tag,
wenn Gott in unserem Herzen ist.*

Hl. Franz von Sales

Mein Einsatz bei den Maya in Quintana Roo

Nach diesen aufregenden und glücklichen Tagen
in Mexiko-Stadt ging es weiter nach Cancún. Als
Norma und ich am Flughafen unser Gepäck aufgeben wollten, hofften wir sehr, wegen des Gewichts
unseres Handgepäcks keine Schwierigkeiten zu bekommen. Norma hatte statt nur einem Stück Handgepäck, das sie gebucht hatte, nun gleich drei: neben
ihrem Koffer zwei voluminöse Taschen, vollgepackt
mit Zahnbürsten und medizinischen Utensilien für
den Einsatz und einem Stofftiger mit Gebiss, mit
dem sie den Maya-Kindern in den Dschungeldörfern
Zahnhygiene beibringen wollte. Die beiden Taschen

wogen wesentlich mehr, als für Handgepäck erlaubt war. Der junge Mitarbeiter am Check-in deutete mit fragendem Blick erst auf die Waage und dann auf uns. Während Norma ihm wortreich zu erklären versuchte, dass sie Kinder-Zahnbürsten für einen medizinischen Hilfseinsatz bei den Maya darin hatte, sprach ich ein Stoßgebet und hielt in meiner Hand den kleinen Anhänger der Maria von Guadalupe an meinem Kettchen, den ich in der Basilika gekauft und hatte weihen lassen. Der junge Mann warf uns beiden einen Blick zu, lächelte konspirativ und ließ die zweite schwere Handgepäckstasche diskret hinter meinem Koffer auf dem Band verschwinden. Erleichtert bedankten wir uns bei ihm und der Muttergottes. Von da an zweifelte ich kein einziges Mal mehr an der Kraft von Normas Losungswort, das sie so oft wiederholte: „Maria hilft immer!"

Während der vollbesetzte Airbus fast lautlos über das weite Land unter uns dahinglitt, dachte ich an die goldenen Zeiten der untergegangenen Hochkulturen, die es neben den Azteken im antiken Mexiko und in Mittelamerika noch gegeben hatte: Olmeken, Zapoteken, Mixteken, Tolteken, Inkas und natürlich die Maya, die um 650 ihre Blütezeit auf der Halbinsel Yucatán hatten. Berühmte Stadtstaaten mit Namen wie Copan, Chichen, Calakmul, Itza, Tika und Palenque lagen in einem Wettstreit, welcher von ihnen die prachtvollsten Paläste, Tempel und Pyramiden aufzuweisen hatte. Diese Städte waren damals oft größer als jene in Mitteleuropa. Ähnlich wie bei den Azteken, existierten auch zwischen den Maya-Städten ständig Konflikte und Konkurrenz. Politische Instabilität und zu großes Bevölkerungswachstum zwangen die Maya, von 750 an das Tiefland zu verlassen, wonach ihre Kultur nur noch in kleineren Stadtstaaten fortlebte. Ein französisches Team von Wissenschaftlern, das im Dschungel von Guatemala das Geheimnis der am längsten überlebenden, berühmten Maya-Stadt Naachtun erforschte, ist überzeugt, dass das Ende der Maya-Kultur zwischen 760 bis 952 nicht nur durch vernichtende Kriege, sondern auch durch ökologische Katastrophen herbeigeführt worden war. Die massive Abholzung des Waldes und die Ausbeutung der Natur, einhergehend mit Hungersnöten, Klimakatastrophen wie Dürren, Orkane, Überschwemmungen, aber auch Seuchen und Epidemien haben letztlich zur Zerstörung und dem Untergang der einst so reichen Maya-Königreiche und ihrer hohen Kultur geführt. Die letzten auf der Halbinsel Yucatán bis dahin unabhängigen Maya-Gemeinden wurden 1901 von der mexikanischen Armee eingenommen. Heute gelten die Maya-Dörfer als die Armenhäuser des Landes. Ob wir wohl aus der Geschichte dieses Volkes, das früher wegen seiner überragenden Kultur in Mittelamerika mit den Griechen verglichen wurde, lernen können, dachte ich bei der Landung in Cancún.

In Cancún angekommen, war ich überrascht, wie freundlich und modern alles in diesem zweitgrößten Flughafen Mexikos war. Menschenmassen überall, viele junge Touristen aus aller Herren Länder, alles vibrierte und war voller Leben. Wir mussten eine Weile suchen, doch dann entdeckten wir endlich an einem der zahlreichen Ausgänge unseren Fahrer Luis und den Kleinbus mit dem Logo von Medical Mission Network. Luis nahm uns freundlich in Empfang und reichte uns sein Mobiltelefon, denn Dr. Juan Pablo Aguilar Mendoza, der leitende Arzt von *Medical Mission Network México*, wollte uns ebenfalls sofort begrüßen. Luis fuhr uns nach Playa del Carmen, dort war für uns eine Übernachtung in einem Hotel gebucht worden. Am nächsten Tag sollte es weitergehen nach Bacalar, einem etwa vier Autostunden von Cancún entfernten Ort, der wegen seiner herrlichen Lage an der berühmten „Lagune der sieben Farben" viele Touristen anlockt.

Als wir am nächsten Morgen draußen bei Sonnenschein zum Frühstück Ananas, Melone und Papaya – meine Lieblingsfrucht – aßen, lernten wir Frau Dr. Dr. Catherine Adapoe-Doamekpor kennen, die inzwischen ebenfalls angereist war. Die Ärztin mit einer Praxis im Saarland, Psychotherapeutin und Expertin für pflanzliche Heilmittel, hatte bereits an vielen Einsätzen von *Medical Mission Network in* Quintana Roo teilgenommen. Da ich von Pater Bennet schon viel

Gutes über sie gehört hatte, war ich sehr gespannt darauf, sie endlich persönlich kennenzulernen.

Pater Bennet, der alle *Medical-Mission-Network*-Einsätze mit deutschen Ärzten begleitet, war schon einige Tage früher nach Chetumal gereist, weil er noch einiges mit dem mexikanischen Ärzteteam zu besprechen hatte. Chetumal, die an der Grenze zu Belize gelegene Hauptstadt des Bundesstaates Quintana Roo, liegt an der Ostküste der Halbinsel Yucatán, etwa 40 Kilometer südlich von unserem ersten Einsatzort Bacalar.

Als wir an unserer Unterkunft in Bacalar, dem *Hotelito La Ceiba*, ankamen, fiel mein Blick gleich auf die lila und flammendroten Bougainvilleas, die zwischen den Palmen rund ums Hotel leuchteten. Vor der offenen Rezeption lag ein schwarz-weißer Kater und bewachte das *Hotelito*, für dessen Herrn er sich gewiss hielt. Er hieß Gabriel und in den nächsten Tagen sahen wir ihn noch oft, da er sich gerne mit Gästen anfreundete und neugierig um unsere Beine strich, wenn es etwas zu sehen gab. Das kleine Hotel hat seinen Namen, La Ceiba, von dem heiligen Baum der Maya erhalten. Viele Legenden ranken sich um diesen Baum, der in der Mythologie der Maya die drei kosmischen Ebenen des Universums verbindet. Denn das Maya-Universum bestand aus Oberwelt (Weltall), Mittelwelt (die im Urmeer als Schildkröte dazwischen schwimmende Erde) und unterirdischer

Welt, wo aus einer Höhle die Wurzeln des Ceiba bis hoch in den Himmel wachsen. Die Bäume können bis zu 70 Meter hoch werden, und noch heute werden ihr Saft und ihre Blüten von den Maya für medizinische Zwecke verwendet. Da alle Lebewesen für die alten Maya göttlichen Ursprungs und wichtig waren, dankten sie jedem Tier, jedem Baum und jeder Pflanze dafür, sie genießen und unter ihrem Schatten Schutz finden zu dürfen.

Vor dem *Hotelito* erwartete uns Pater Bennet schon. Wir lernten da auch Álvaro Cervantes, Ernährungsberater für *Medical Mission Network*, und den erst vor wenigen Monaten zum Priester geweihten Pater Alejandro Espejo von den Legionären Christi kennen. Die Drei luden uns Neuankömmlinge gleich zu einem Willkommens-Drink ein. Wir bezogen also rasch unsere Zimmer und machten uns frisch.

Unseren Drink bekamen wir im *La Playita*, einem Restaurant direkt an der Lagune. Das Plätzchen war mit seinen schattigen Baumdächern und dem Blick auf das Wasser so romantisch, und Alejandro und Álvaro waren so höflich und zuvorkommend, dass ich kaum glauben konnte, in was für einem Paradies wir gelandet waren. Beim anschließenden Spaziergang zum Strand und Bootssteg konnten wir gut die unterschiedlichen Farben der Lagune sehen, die sich aus dem ständigen Zufluss von türkisblau schillerndem Meerwasser und wechselnd blauem Flusswasser aus sieben unterirdischen *Cenotes* ergeben. Je nach Lichteinfall soll der vom Meer abgeschnittene See der Lagune daher in sieben verschiedenen Blautönen schimmern. Die für Yucatán so berühmten *Cenotes* sind durch ständige Erosion entstandene Absenkungen, Löcher und Höhlen im karstigen Kalksteinboden, aus dem die unterirdischen Zuflüsse entspringen, erklärte uns Pater Alejandro, während wir das blaue Naturwunder auf Fotos bannten. Pater Alejandro selbst war schon frühmorgens allein an der menschenleeren Lagune gewesen und zeigte uns begeistert das Foto eines aus den Bäumen hochfliegenden Adlers, den er wegen seiner Schönheit und Eleganz gefilmt hatte. Da der Adler als Symbol des Evangelisten Johannes gilt, der nach Augustinus in geistiger Erkenntnis und Verkündigung des Wortes Gottes „wie ein sich in höchste Regionen bis zur Sonne aufschwingender Adler ist", hatte das Bild für unseren jungen Priester bestimmt eine besondere Bedeutung. Beschwingt von den Eindrücken des ersten Tages marschierten wir bei immer noch sengend heißer Sonne den etwa einen Kilometer langen Weg zurück ins Hotel Ceiba.

Liebe in Aktion

Der nächste Morgen, ein Sonntag, begann dann wie jeder andere Tag mit einer Heiligen Messe auf der Dachterrasse des Hotels, zelebriert von Pater Bennet und Pater Alejandro. Das Team ist überkonfessionell, doch da *Medical Mission Network* eine Initiative der katholischen Laienbewegung Regnum Christi ist, sind doch viele Teilnehmer katholisch. Der mit weißen Blumengestecken schön geschmückte Tisch-Altar und der Ausblick in den farbenfrohen Garten mit seinen riesigen Palmen, in deren Geäst weiße Tauben herumflogen, bereitete mir viel Freude. Pater Bennets tägliche humorvolle Predigten prägten sich uns ein, da er bei seinen Auslegungen des Evangeliums immer den Kern der Sache traf. Mittlerweile waren auch die restlichen Teilnehmer eingetroffen und so sprach Pater Bennet gleich ein paar einführende Worte zu dem Einsatz: „Ich möchte euch darauf hinweisen, dass das Motto für unsere Arbeit hier *Love in Action* heißt. Das heißt, dass niemand sich hier hocherhobenen Hauptes auf die Schulter klopfen und sich besonders grandios fühlen soll, weil er den Maya in ihren Dschungeldörfern mit seinen Talenten helfen kann. Denn auch alle unsere Talente sind Gaben Gottes, und wir sollen dazu beitragen, das Reich Gottes auf Erden zu errichten. Wir alle sind zu diesem Einsatz gekommen, um Jesu Botschaft der Nächstenliebe zu den Menschen hier zu bringen. Und diese *Liebe in Aktio*n gilt auch für unser Miteinander im Team – gleich wer wir sind! Wir sind ein Team, eine Familie! Jeder ist für jeden da und hilft, wo und wie er kann!“

Nach dem Frühstück mit frischen tropischen Früchten und Bergen von kalorienreichen Maisfladen mit

Chili-Salsas und bräunlichem Bohnenmus trafen wir uns am Nachmittag alle auf der Dachterrasse wieder. Dr. Juan Pablo Aguilar Mendoza, Dr. Paulina Pedrero, die für die Logistik zuständige Ärztin, und das übrige Team aus Chetumal wollten uns begrüßen. Dabei lernten wir auch die anderen jungen Mediziner im Team kennen, Renata Briseño, Andrea Figueroa aus Honduras, die ein Jahr in Aachen gelebt und dort Deutsch gelernt hatte, Noely, die unsere mobile Apotheke verwaltet, und Juan Vicente, ein Mitarbeiter der ersten Stunde, der mit seiner Frau Alejandra aus Mérida gekommen war. Jeder von uns bekam zwei weiße T-Shirts mit dem blauen *Medical-Mission-Network*-Logo und ein Namensschild zum Anstecken. Wir fühlten uns vom ersten Augenblick an von den Mexikanern herzlich aufgenommen, auch wenn man, so wie ich, nur wenig Spanisch sprach. Auf Englisch konnten wir uns jedoch immer verständigen, und Pater Bennet, Pater Alejandro, Norma und Andrea konnten vom Deutschen ins Spanische übersetzen. So hörte man den ganzen Tag über ein harmonisches Nebeneinander der drei Sprachen, und das begann schon in der Heiligen Messe am Morgen, die von unseren *Padres* abwechselnd auf Englisch, Spanisch oder Deutsch gelesen wurde. Die Atmosphäre in dem internationalen Team war erfrischend. Der Wunsch, zu helfen, zu heilen und das Leben und die medizinische Versorgung der notleidenden Maya in den ärmeren und entlegenen Gebieten zu verbessern, verband uns.

Den mexikanischen Ärzten, die festangestellt für *Medical Mission Network México* arbeiten, war es in den letzten Jahren gelungen, eine stabile medizinische Infrastruktur in der Region aufzubauen. Die jungen mexikanischen Ärztinnen Pauline und Renata erklärten uns, dass neben der ärztlichen Versorgung auch Maßnahmen zur gesundheitlichen Aufklärung wie Ernährung, Hygiene und natürliche Familienplanung zu ihren Aufgaben gehören, wobei ihr Team durch von ihnen geschulte ehrenamtliche Mitarbeiter vor Ort unterstützt wird. Anhand einer Tabelle lernten wir auch die häufigsten diagnostizierten Krankheiten der Maya kennen: Herzprobleme, hohen Blutdruck, Übergewicht durch ungesunde Ernährung, Gallensteine und Diabetes sowie Atemwegserkrankungen, Magen- und Darminfektionen durch Würmer und Infektionen am Urogenitaltrakt. Auch unter Skelett- und Muskelerkrankungen leiden die Maya oft, was der schweren körperlichen Arbeit geschuldet ist, die sie auf dem Feld, auf Baustellen oder auch Hotels in den nahen Touristenzentren verrichten müssen. Auch Hautkrankheiten sowie kranke Zähne werden oft behandelt.

Dr. Juan Pablo Aguilar Mendoza wies uns auch darauf hin, wie wichtig eine genaue Dokumentation ist, zur Kontrolle des Behandlungserfolgs und damit für die staatlichen Gesundheitsbehörden exakte Statistiken erstellt werden können. Auch die Arbeitsabläufe funktionieren nach einem genauen Plan. Zunächst werden die individuellen Daten der Patienten aufgenommen und nach einem Vorgespräch werden diese den Fachärzten zugewiesen. Falls nötig, werden in unserem mobilen Labor Blutproben genommen. Die Maya können sich eine Krankenversicherung meist nicht leisten. Aus diesem Grund bekommen sie in unserer mobilen Apotheke kostenlos Medikamente. Jeder Arzt im Team wird täglich vor dem Einsatz mit einer Box ausgerüstet, in der sich alle Utensilien finden, die er braucht. Wieviel detaillierte Vorarbeit ein medizinischer Einsatz für das Team in Mexiko bedeutet, ist uns bei diesem Vorstellungsgespräch erst klar geworden.

Die kleine Jahori aus Huatusco

Punkt 8.55 Uhr, nach der Heiligen Messe und dem Frühstück, stiegen wir am Montag, unserem ersten Arbeitstag, in den Minibus ein und traten die Fahrt zu unserem ersten Einsatzort Huatusco an. Eine Stunde lang holperten wir über unbefestigte, löchrige, enge Wege durch den dichten Buschwald, der auf Schildern an der Autobahnabfahrt als *Jungla Maya* bezeichnet wurde. Die Dörfer im Umkreis von Bacalar und Felipe Carillo Puerto, die wir besuchen, werden regelmäßig von unseren mexikanischen Ärzten betreut. Sie sind also über die gesundheitliche und soziale Situation der Dorfbewohner genau informiert. Die Arbeit findet meist in öffentlichen Einrichtungen statt, wie etwa Schulen, oder in einem *Centro di Salud* – einem staatlichen Gesundheitszentrum. Schon vor unserer Ankunft bereiten Helfer aus den Dörfern Behandlungsräume vor, die oft mit Trennwänden aus Tüchern abgeschirmt werden, um die Privatsphäre der Patienten zu schützen. Manchmal müssen die Ärzte aber auch aufs Freie ausweichen, denn nicht immer ist drinnen genug Platz.

Als wir in Huatusco ankamen, standen dort trotz der schwülen Temperaturen um 30 Grad schon viele Menschen Schlange, Frauen und Männer, Alt und Jung, viele Mütter mit Babys im Arm und Scharen von lachenden und spielenden Kindern. Geduldig hockten sie auf Plastikstühlen im Schatten der Bäume oder aneinandergedrängt vor oder hinter dem Gesundheitszentrum, wo die meisten Ärzte ihren Arbeitsplatz hatten. Frau Dr. Catherine Adapoe behandelte ihre Schmerzpatienten draußen unter einem Dachvorsprung, unterstützt von Pater Bennet, der für sie dolmetschte. Überall fielen sofort die vielen fröhlichen Kinder auf, die sich vertrauensvoll um uns scharten. Besonders viel Spaß bereitete es ihnen, wenn ich sie fotografierte und ihnen die Fotos auf dem Display meines iPhones zeigte. Sehr interessiert zeigten sich die größeren Buben auch an meinem Computer. Ich hatte mir extra für diesen Einsatz ein kleines, leichtes Tablet gekauft. Von den vielen neuen Eindrücken in Huatusco fühlte ich mich überwältigt, ich wollte sie gleich festhalten und suchte mir deshalb ein kleines Tischchen in einer Ecke. Erst da fiel mir auf, dass auf meinem Desktophintergrund ein schöner, buntgefederter Kolibri im Flug abgebildet war – ein in Mexiko heimischer Vogel.

Während ich diskret die Runde bei unseren Ärzten machte, um ein paar Fotos zu schießen, entdeckte ich ein entzückendes kleines Mädchen vor Normas zahnärztlichem Behandlungszimmer im *Centro di Salud*. Die magere Kleine mit dem zarten Gesicht, das von zwei schwarzen geflochtenen Zöpfchen umrahmt war, hatte Normas Stofftiger und einen rosa Luftballon in den Händen. Sie strahlte, als hätte sie gerade das Christkind besucht. Ich fragte sie nach ihrem Namen und sie sagte: Jahori. Auf einem roten Plastikstuhl neben ihr hockte ein weiteres kleines Mädchen, ebenfalls glücklich lächelnd. Die Freude in diesen Kinderaugen zu sehen war jede Mühe und Anstrengung wert, die unser Team auf sich genommen hatte. Es war feucht-warm, das Arbeiten fiel schwer, doch an die 100 Patienten warteten in Huatusco. Auch wenn der Tag lang ist und die Zeit knapp, möchten unsere Ärzte niemanden wegschicken.

Mittagessen bekommt das Team von einem Caterer, meist wird es in zwei Schichten eingenommen. In Huatusco wurde es in einem kleinen Raum im Gesundheitszentrum serviert, es gab ein köstliches Hühnercurry mit Reis, das aus einem riesigen Topf vorne am Tresen ausgeteilt wurde. Auch für Nachschlag war gesorgt. Plötzlich tippte mir jemand von hinten mit dem Finger auf den Rücken. Ich drehte mich um und sah die kleine Jahori dort stehen, die mich mit ihren großen, dunklen Augen anschaute und höflich fragte, ob vielleicht auch für sie etwas zu essen übrig sei. Mir kamen die Tränen, weil mir die Armut hier so überdeutlich vor Augen geführt wurde. Ich holte ihr einen Teller Hühnercurry, den sie dann neben mir sitzend fröhlich verspeiste. Ich dachte dabei an eine Bemerkung, die eine unserer Ärztinnen kürzlich gemacht hatte: Die Maya würden sich aus Armut oft tagelang nur von den Eiern ihrer Hühner ernähren, was sich dann leider auch an ihrem hohen Cholesterinspiegel im Blutbild zeige.

Müde, aber zufrieden beendete das Team seine Arbeit, nachdem alle Patienten versorgt worden waren. Die medizinischen Geräte wurden wieder sorgsam in den Fahrzeugen verstaut, die mobile Apotheke sicher verschlossen, bevor wir uns auf den Heimweg nach Bacalar machen konnten. Zurück im Hotel galt die Devise: Sofort raus aus dem nass-verschwitzten T-Shirt und unter die Dusche! Um acht Uhr abends trafen wir uns wieder auf der Dachterrasse zum Abendessen.

Tiefer Dschungel, lebendiger Glaube
Was für interessante biblische Namen die Maya-Gemeinden haben, dachte ich gleich an diesem Dienstagmorgen, am Festtag der Heiligen Teresa von Ávila,

der großen spanischen Ordensgründerin und Kirchenlehrerin. Heute sollte es nach Nuevo Jerusalén gehen. Während der Heiligen Messe auf der Dachterrasse schüttete es in Strömen, sodass wir vor dem überdachten Altartisch eng zusammenrücken mussten, um nicht patschnass zu werden. Was, wenn es in Neu-Jerusalem weiter aus allen himmlischen Schleusen so goss? Selbst Hotelkater Gabriel fand es bei uns oben gemütlicher als unten vor dem offenen Eingang und legte sich mit ausgestreckten Pfoten platt vor den Altar auf den rostbraun gekachelten Boden. Kaum hatte Pater Alejandro uns den Segen gespendet, erschien plötzlich ein Regenbogen am Himmel – als wollte die in Mexiko so verehrte Himmelsmutter uns trösten und an ihre Worte für Juan Diego erinnern. *„Bin ich nicht hier, ich, eure Mutter?"* Das heißt: Kein Grund, uns wegen des Wetters zu sorgen!

Unsere in die Jahre gekommenen Vans holperten noch eineinhalb Stunden in tropischen Regenschauern über wassergefüllte Schlaglöcher durch den Dschungel. Bereits beim Aufbau unseres Equipments hörte der Regen jedoch auf und die Sonne beschenkte uns wieder mit karibischen Temperaturen. Im Nu war alles einsatzbereit, die ersten Patienten aufgenommen und den Ärzten zugewiesen. Norma kam kaum nach, Zähne zu ziehen oder Löcher zu stopfen, häufig auch unter erschwerten Bedingungen wegen kurzzeitigen Stromausfalls oder Problemen mit dem

Bohrgerät, und auch unser Laborant Juan Vincente Delgado hatte genug zu tun, genauso wie Ana in der mobilen Apotheke.

Die Menschen im Dorf waren sehr freundlich, geduldig, höflich und dankbar und gleichzeitig ohne jegliches Anspruchsdenken. Manche hatten lange keinen Arzt konsultiert und man muss ihnen die Angst nehmen und sie behutsam aufklären, warum welche Untersuchung und Therapie nötig ist. Es ist wichtig, alles genau zu erklären, denn die Patienten sollen in der Lage sein, selbstbestimmt zu entscheiden. Die Kinder mit ihren Augen voller unbeschwerter Fröhlichkeit näherten sich uns meist neugierig. Kein Gedränge oder lautes Geschrei – höchstens wenn Norma einen Zahn zieht – sonst nur kindlich-unschuldige Freude. Der großgewachsene Pater Alejandro Espejo stach nicht nur wegen seines roten Halstuchs und des Strohhuts, sondern auch wegen seiner Körpergröße hervor. Neben den Maya, die im Durchschnitt 1,45 m groß sind, wirkte er wie ein Riese. Er hatte für die Kinder bunte Luftballons und Malstifte mitgebracht und war ständig umringt von einer Schar schwarzhaariger Jungen, mit denen er Ball spielte und deren neugierige Fragen er beantwortete. Da es in fast jedem der von uns besuchten Maya-Dörfer auch ein Kirchlein mit Palmblattdach gab, las Pater Alejandro für die Gläubigen oft die Heilige Messe. Fast immer hing ein Bild der Maria von Guadalupe an der Wand hinter dem Altar, oft noch flankiert von Heiligenbildern und Heiligenstatuen – ein lebendiges Zeugnis christlichen Glaubens mitten im Maya-Dschungel.

Ich fragte Pater Bennet, ob denn alle Maya in den Dörfern getaufte Christen seien. Er antwortete: „Natürlich nicht. Es gibt hier auch sehr alte Maya-Kommunen tief im Dschungel, deren Bewohner sich noch der traditionellen Mayareligion zugehörig fühlen. Das spielt für unsere Arbeit aber keine Rolle." Doch mein Eindruck war, dass sich in vielen Mayahütten für Jesus und die himmlische Mutter ein Ehrenplatz findet, selbst wenn die alte mythische Ideenwelt noch fortlebt.

Später fragte ich Pater Alejandro nach seinen Eindrücken und er erklärte: „Hier in meinem Heimatland den Maya helfen zu dürfen, vor allem auch den Kindern, ist der bisherige Höhepunkt meiner priesterlichen Tätigkeit. Von der Arbeit, welche die Ärzte hier leisten, bin ich tief beeindruckt. Sie begegnen allen Menschen gleich, mit Liebe, echtem Interesse und Zuwendung. Das ist besonders wichtig für die Frauen hier, die oft an Depressionen leiden und kaum Ansprechpartner finden. Wir hören unseren Patienten zu und nehmen uns viel Zeit. Viele Patienten kennen Pater Bennet schon seit Jahren. Dass sie immer wiederkommen, ist für die Ärzte auch ein großartiges Feedback."

Besuch bei der blinden Señora Maria

Als wir am Mittwoch nach der Morgenmesse bei sonnigem Wetter in La Pantera ankamen, wurden wir von einer offiziellen Delegation der Gemeinde empfangen. Dankbar wies der Bürgermeister darauf hin, dass das neue Hauptgebäude der Grundschule *Escuela Primaria Cardenas* und die Nebengebäude unter anderem durch Spenden aus Deutschland finanziert wurden. Die Klassenzimmer sind in sauberen Zimmern untergebracht, mit modernen Holzbänken und Fenstern, durch deren Holzstreben der frische Wind weht. Das größte Gebäude in La Pantera ist jedoch eine große, moderne, offene Halle, in der eine angenehme Kühle herrscht – wegen der „Jalousien" aus Holzstreben an den Seiten und zwei an der Decke hängenden Ventilatoren. Es handelt sich um ein Vielzweckgebäude, welches auch als „Notfall-Klinik" für Verletzte bei Naturkatastrophen gedacht ist, wie uns der Bürgermeister erklärte.

Heute arbeitet Frau Dr. Dr. Catherine Adapoe in der Halle, die meisten anderen Ärzte behandeln ihre Patienten in den Klassenzimmern der Schule. Auch hier läuft alles reibungslos und professionell ab. Die Patienten danken es uns mit ihrem Lächeln und ihrer Gastfreundschaft und versorgen uns zwischendurch immer wieder mit Mineralwasser und Obst, damit wir in der Hitze nicht Gefahr laufen zu dehydrieren.

In La Pantera haben Pater Alejandro und ich eine blinde, hochbetagte *Señora* namens Maria besucht. Wir wurden begleitet von Diego, einem Helfer der Pfarrgemeinde. Sie lebte in einer typischen Maya-Rundhütte mit einem Dach aus getrockneten Palmzweigen. Auf zwei Tischchen standen ein paar Pfannen und Töpfe, das Wenige an Kleidung, was sie besaß, hing hinter der Tür. Es fehlten Schränke, sie besaß ansonsten nur zwei kleine Stühle und eine Hängematte, in der sie schlief. Strom gab es in der Hütte nicht. Maria sprach neben Mayathan nur ein paar Worte Spanisch, sodass Diego für uns übersetzte. Die *Señora* wollte bei Pater Alejandro beichten, bat um seine Gebete und seinen Segen und auch um die Krankensalbung, denn sie fühlte, dass sie nicht mehr lange leben würde. Während zwei kleine Kätzchen zwischen Pater Alejandros Beinen herumstrichen, beobachtete ich vom Eingang aus unauffällig das Geschehen. In der Hütte staute sich die Hitze und der Schweiß perlte an mir herunter. Da Pater Alejandro das Öl für die Krankensalbung an unserem Arbeitsplatz im Dorf vergessen hatte, ging er in der prallen Sonne den kilometerlangen Weg zurück, um es zu holen. Wieder bei der Hütte angekommen, kam gerade auch Marias Ehemann, mit dem sie seit 40 Jahren verheiratet war, von seiner schweren Feldarbeit zurück, sodass sie in seinem Beisein die Krankensalbung von Pater Alejandro empfangen konnte. Ich dankte Gott, dass ich dabei sein durfte, und betete dafür, dass *Señora* Maria einmal einen Platz im Himmel bekommen würde.

Inspiration in der Capilla Los Tres Santos Reyes

Als wir am Donnerstag in das Dschungeldorf Los Divorciados kamen, warteten schon viele Patienten geduldig in einem offenen Raum unter einem Dach aus Palmblättern. Da in dem kleinen *Centro de Salud* nicht alle Ärzte Platz fanden, arbeiteten einige im Freien, im Baseballstadion, dessen Überdachung Schatten spendet. Zu unseren Patienten gesellten sich immer wieder zutrauliche, magere Hunde, die uns mit wedelndem Schwanz begrüßten. Zahnärztin Norma hatte einen nicht gerade idealen Behandlungsplatz am Rand des Stadions, der von den anderen so weit entfernt lag, dass nicht nur ich, sondern auch die Patienten größte Mühe hatten, sie überhaupt zu finden.

Da ich in Los Divorciados kein Plätzchen zum Schreiben fand, machte Pater Alejandro mich auf die in einer Seitenstraße gelegene *Capilla Los Tres Reyes* aufmerksam, ein Betonhaus mit einem Ventilator darin. Ich schlug also meine Zelte in der „Kapelle der Heiligen Drei Könige" auf, seitlich vom Altar stand ein kleines Tischchen, an dem ich arbeiten konnte. Der Ventilator sorgte für Kühle und mein Blick fiel auf ein großes Bild der Maria von Guadalupe in einem goldfarbenen Rahmen an der Wand. Ich bat die heilige Jungfrau Maria um Inspiration für meine tägliche Berichterstattung. Wie omnipräsent sie hier in Mexiko ist, konnte ich nun in dieser Kirche der Heiligen Drei Könige in dem alten Maya-Dorf mit dem ungewöhnlichen Namen *Los Divorciados* – auf Deutsch „Die Geschiedenen" – wieder bestätigt sehen. Als Pater Alejandro nach dem Mittagessen gegen drei Uhr für die Dorfbewohner noch eine Heilige Messe feierte, begleitet vom Lobgesang hübscher und modisch gekleideter junger Maya-Mädchen, dachte ich an unsere leeren Kirchen und den schwindenden christlichen Glauben in unserer Heimat und in Europa. „Warum scheint der christliche Glaube bei den Maya hier so viel sichtbarer zu sein als bei uns? Liegt es an ihrer verehrten Schutzpatronin Maria von Guadalupe?", erkundigte ich mich bei Pater Alejandro nach der Heiligen Messe. Gerade war mir draußen ein vielleicht siebenjähriges Mädchen aufgefallen, auf dessen T-Shirt ein Bild der Maria von Guadalupe aufgedruckt war und darüber in weißer Schrift die schönen Worte: *„Maria es el Camino, Jesus es la Meta"* („Maria ist der Weg, Jesus das Ziel"). „Nun, man darf den Glauben der Maya nicht idealisieren", antwortete Pater Alejandro lächelnd. „Sie haben einen einfachen, aber lebendigen Glauben. Oft kennen sie aber nicht einmal den Katechismus oder haben die Bibel gelesen. Aber sie gehen in die Messe, beten täglich und vertrauen ihre Arbeit und alle anderen Anliegen Gott an, weil sie überzeugt sind, dass alles von ihm kommt. Und Maria von Guadalupe als Himmelskönigin gehört eben für sie auf diesem Weg dazu."

Der Heilige Geist heilt

Bei der Heiligen Messe am Morgen sprach Pater Bennet in seiner Predigt über den heiligen Apostel Lukas. Dieser sei ein Arzt gewesen, gebildet und gelehrt. Er hatte Jesus nicht mehr persönlich kennengelernt, aber Paulus und die anderen Apostel, die keine Gelehrten waren, überzeugten ihn so sehr von Jesu Lehren, dass er selbst zum Apostel wurde. Seine Bildung, erklärte Pater Bennet, würde man der sprachlichen Perfektion seiner Evangelien anmerken, die viel von der Heilung Kranker berichteten. Lukas habe nämlich die Wahrheit erkannt, dass kein Arzt ohne die Hilfe des Heiligen Geistes Kranke wirklich heilen kann, sondern dass auch Vertrauen in die Gnade und Hilfe unseres himmlischen Vaters nötig seien, damit diese an Leib und Seele gesunden könnten. Genau diese Wahrheit vertrat auch der heilige Pater Pio gegenüber den Ärzten seines von ihm gegründeten Hospitals *Casa Sollievo della Sofferenza* in San Giovanni Rotondo. Pater Pio ging sogar so weit zu sagen, dass wir für unsere Ärzte beten sollten, da sie immer nur ein Werkzeug in den Händen Gottes seien. In diesem Sinne erinnerte auch Pater Bennet uns oftmals daran, bei unserer Arbeit in Demut Vorbilder für christliche Nächstenliebe zu sein, wenn wir mit den uns von Gott anvertrauten Talenten den Kranken dienen.

In dem Dorf Blanca Flor, in das wir an diesem Donnerstag fuhren, liefen alle Arbeiten wie immer wohlorgansiert und in beschaulicher Atmosphäre ab. Die meisten Dorfbewohner leben in typischen Palmdach-Hütten, doch an der Straße sieht man auch kleine, bescheidene Häuschen aus Beton mit Motorrädern oder sogar Autos davor. Bewohnt werden sie von jüngeren Leuten, die wahrscheinlich in den Touristenzentren an der Küste arbeiten und täglich weite Strecken zur Arbeit fahren. Wie auch die meisten anderen Dörfer hatte Blanca Flor einen kleinen Laden für den täglichen Bedarf, dessen Regale voll waren mit Chipstüten, Süßigkeiten, Cocacola und anderen ungesunden Softdrinks, die zu dem Übergewicht in der Bevölkerung erheblich beitragen.

Eine Bootsfahrt in der Lagune von Bacalar

Die erste Einsatzwoche war wie im Flug vergangen und die Teilnehmer aus Deutschland fühlten sich beschenkt: Die freundliche Atmosphäre im Team und die Herzlichkeit der indigenen Bevölkerung sorgten dafür, dass die Arbeit für alle zu einer bereichernden Erfahrung wurde. Als ich an diesem Samstagmorgen aufwachte, war es in meinem Zimmer heiß und feucht wie in einer Sauna, sodass ich kaum atmen konnte. Ich dachte, ich komme gleich um! Als ich die Zimmertür aufriss, um frische Luft hereinzulassen, sah ich an der Rezeption unseren Laborarzt Juan Vicente stehen und bat ihn um Hilfe.

Er betrat mein Zimmer und schaute sich um. „Aber Ingrid, du hast ja die Klimaanlage gar nicht angestellt!

Siehst du hier den Schalter an der Wand?" Tatsächlich bemerkte ich ihn zum ersten Mal. „Ich dachte, die Temperatur im Zimmer regelt sich automatisch …" „Heißt das, du hast die ganze Woche ohne Aircondition geschlafen?", wunderte sich Juan Vicente. Ich dachte daran, dass Pater Bennet gesagt hatte, bei keinem anderen Einsatz sei es so heiß und schwül gewesen wie diesmal – mit Temperaturen über 30 Grad und einer Luftfeuchtigkeit von 98 %. Als das Team beim Frühstück diese Geschichte hörte, schüttelten alle nur den Kopf und fragten mich, wie ich das überlebt hätte. Ich hatte mich natürlich durchaus darüber gewundert, dass diese Klimaanlage das Zimmer so schlecht abkühlte, und immer nur unter einem dünnen Bettlaken geschlafen.

Nach dem Mittagessen überraschte uns das mexikanische Team mit einer Bootstour in der Lagune. Auch als die „Riviera Maya" mit ihren feinsandigen karibischen Traumstränden, dem türkisblauen Meer und dem sonnigen Wetter sich schon lange zu einem Touristenmagneten entwickelt hatte, war die Lagune von Bacalar lange ein Geheimtipp. Doch seit einigen Jahren wird auch sie von immer mehr Touristen entdeckt.

Verständlich, denn das Wasser dort ist kristallklar und warm und der weiße Sand am Boden fühlt sich weich an – ideal für einen Badeausflug. Der Bootsführer hielt am dichtgrün bewachsenen Ufer an einer *Cenote*. Auf der karstigen Kalksteinplatte Yucatáns soll es zweieinhalb Tausend dieser einzigartigen Naturwunder geben. Der Bootsführer erklärte uns, dass sich die Menschen anfänglich nur an Wasserlöchern ansiedeln konnten und daher dachten die Maya, die *Cenotes* seien göttlichen Ursprungs. Flüsse konnten sich auf dem porösen Untergrund nur unterirdisch bilden und so formten sich in Jahrtausenden durch Ausstülpungen unzählige Grotten und Höhlen aus, teils mit hohen Felswänden, wo das Wasser oft bis zu 25 Meter tief ist. Bewachsen sind die *Cenotes* oft mit tropischen Pflanzen, deren Wurzeln in der Luft hängen. In den nächsten Tagen sollten wir in der Umgebung von Felipe Carrillo Puerto einige *Cenotes* selbst besuchen.

Erste Hilfe bei einem Lastwagenunfall

An diesem Sonntag packten wir nach der Heiligen Messe und dem Frühstück unsere Sachen. Es hieß, Abschied zu nehmen von unserem *Hotelito La Ceiba*, weil wir unseren Standort für die nächste Woche weiter in den Norden verlagerten, nach Felipe Carrillo Puerto, eine kleine Stadt im Landesinneren. Genau an diesem Ort hatte die erste Konfrontation zwischen den spanischen Eroberern und den Ureinwohnern stattgefunden. In der festen Überzeugung, im fernen Indien gelandet zu sein, nannten die Eroberer die indigene Bevölkerung auf Yucatán Indianer oder kurz Indios. Von dieser geschichtsträchtigen Stadt aus, Felipe Carrillo Puerto, sollten wir in der zweiten

Woche unseres Einsatzes in sehr ursprüngliche alte Maya-Dörfer fahren, die tief im dichten Buschland von Quintana Roo versteckt liegen.

Die Fahrt nach Felipe Carrillo Puerto dauerte zwei Stunden. Auf halber Strecke kamen wir an einer Unfallstelle auf der Gegenfahrbahn vorbei: Ein Lastwagen war von der Straße abgekommen und in eine Böschung gekippt. Die Feuerwehr war schon da und hatte die Straße abgesperrt. Wir wussten nicht, ob es Verletzte gab und diese bereits medizinisch versorgt wurden. Also hielten wir an und Dr. Paulina Pedrero, eine unserer mexikanischen Ärztinnen, sowie Pater Bennet stiegen aus und gingen zur Unfallstelle, die anderen blieben im Wagen.

Der Fahrer und sein Begleiter saßen verwirrt am Straßenrand, sie schienen unter Schock zu stehen. Während Pater Bennet sich als Priester zu erkennen gab, den Männern gut zuredete und sie beruhigte, verarztete Paulina sie. Der Fahrer blutete aus einer Wunde im Nacken, die Paulina mit einem Druckverband versorgte. Der Beifahrer hatte keine äußerlich erkennbaren Verletzungen. Als nach einiger Zeit der Rettungswagen kam, dachte ich, dass die beiden offensichtlich mehrere Schutzengel gehabt haben mussten. Erstens, weil ihre Verletzungen offensichtlich nicht so gefährlich waren wie zunächst vermutet, und zweitens, weil wir von *Medical Mission Network* wohl zur rechten

Zeit an den rechten Ort gelotst worden waren. Und ehrlich gesagt waren wir auch ein wenig stolz auf unser Team. Wir bedankten uns aber auch noch bei unseren eigenen Schutzengeln, dass bei unseren teils abenteuerlichen Fahrten durch den Dschungel, mit unseren schon ziemlich in die Jahre gekommenen Fahrzeugen, bisher immer alles gutgegangen war.

Felipe Carillo Puerto, der „Rote Apostel" im Kastenkrieg der Maya und die Sprechenden Kreuze
Unser nächstes Hotel, *La Turquesa Maya*, war etwas abseits von der Innenstadt von Felipe Carrillo Puerto gelegen. Auch dorthin kehrt *Medical Mission Network* bei jedem Einsatz zurück, denn die Zimmer sind günstig, groß und sauber und wir werden dort in jeder Hinsicht, auch kulinarisch, gut versorgt.

Felipe Carrillo Puerto, rund eine Stunde entfernt von dem Touristen-Hotspot Tulum gelegen, ist der Sitz des gleichnamigen, ländlich geprägten Municipio, d.h. des Verwaltungsbezirks. Stadt und Region sind mehrheitlich von Maya bewohnt, die oft ausschließlich Mayathan sprechen. Felipe Carrillo Puerto ist geprägt von Land- und Forstwirtschaft, wird aber zunehmend für den Tourismus erschlossen. Denn hier befand sich während des Kastenkrieges das religiöse und politische Zentrum der aufständischen Maya, *Chan Santa Cruz*. In ihrem langen Unabhängigkeitskampf wurden die Maya von Felipe Carrillo Puerto unterstützt, einem mexikanischen Politiker und Revolutionär, der als „Roter Apostel der Maya" bekannt wurde. Er war beteiligt an den Kämpfen in Yucatán Anfang des 20. Jahrhunderts und bemühte sich um Aussöhnung zwischen den spanischstämmigen Mexikanern und den Maya. Während seiner Regierung gab er den Maya ihre Ländereien zurück, gewährte Frauen politische Rechte, förderte den Ackerbau und setzte sich für die Restaurierung der vorkolumbianischen Maya-Fundstätten ein. Da er Großgrundbesitzer enteignen ließ, zog er sich den Hass der Eliten zu und wurde 1924 entführt und mit dreien seiner Brüder erschossen. Ihm zu Ehren wurde im Jahr 1932 die Stadt Santa Cruz de Bravo in Felipe Carrillo Puerto umbenannt.

Eine historische Besonderheit im Zusammenhang mit dem Kastenkrieg der Maya sind die „Sprechenden Kreuze" (*Chan Santa Cruz).* Im Jahr 1850, während des Kastenkriegs, fand José Maria Barrera, der Anführer der Maya, in einem unbewohnten Waldgebiet neben einer kleinen *Cenot*e namens *Lom Ha'* („gespaltene Quelle") ein kleines Kreuz, das in einen Baum eingeschnitten war. Mittels dieses Kreuzes soll Gott wie ein Orakel zu ihm gesprochen und ihn immer wieder ermuntert haben, den Kampf gegen die Weißen fortzusetzen. So entstand an dem Ort ein Heiligtum, und Manuel Nahuat, ein Gefährte Barreras, gab Gottes Wort als Bauchredner an die Maya-Kämpfer weiter. In den folgenden Jahren zwangen die Maya ihre weißen Kriegsgefangenen, den Maya-Tempel des „Sprechenden Kreuzes" (*Báala, Nah* – „Haus des Jaguars") zu bauen, in dem sich eine Gebetsnische mit drei Kreuzen befand. Rund um den Tempel entstand in der Folge dann der historisch berühmte Ort *Chan Santa Cruz*. Vielleicht ist das der Grund, warum der im Dschungel heimische Jaguar zum Wappentier der Halbinsel Yucatán erkoren wurde. Der Kult des Sprechenden Kreuzes verschmolz christliche Symbolik mit alter Maya-Religion durch drei Elemente: Das Kreuz wuchs auf den Wurzeln eines Kapokbaums, des heiligen Baums des Lebens, auf Spanisch „ceiba". Dieser wuchs aus einer Höhle, die für die Maya ein heiliger Ort war. Die Höhle wiederum befand sich bei einer *Cenote,* dem Ort, an dem die Regengötter der Maya (*Chàak*) heimisch sind. Der Hüter des Kreuzes („Großer Herr") bekam seine Befehle von Gott durch Befragen des Orakels. Er war gleichzeitig die oberste geistliche und militärische Autorität über die Cruzoob, die „Kreuzler", wie sie sich selbst nannten. Wiederholt hätte Gott sie durch die Anweisungen des Kreuzes von einem Waffenstillstand mit den Weißen abgehalten. Ein weiteres Sprechendes Kreuz gibt es auch in Tulum, dieses wurde von einer Maya-Priesterin namens Maria Uicab, der sogenannten „Königin von Tulum", gehütet. Auch an anderen Maya-Orten in der Gegend finden sich noch solche Sprechenden Kreuze.

Nach der Eroberung der Stadt Chan Santa Cruz 1901 wurde der Tempel des Sprechenden Kreuzes durch General Ignacio Bravo zerstört und dessen Priester zogen sich in die umliegenden Wälder zurück. Der Kult aber lebte weiter. Nachdem 1935 der letzte Maya-Kämpfer des Kreuzes in einem Friedensvertrag die mexikanische Herrschaft anerkannt hatte, wurde der Ritus von der mexikanischen Regierung geduldet und wird auch heute noch an einigen Orten gepflegt. Doch bis heute darf sich kein Fremder dem Kreuz nähern.

Von Maismenschen, Maya-Göttern, Chichén Itzá und der Heiligen Schrift Popol Vuh

Wie bei den Azteken und anderen mittelamerikanischen Hochkulturen durchdrang bei den alten Maya die Religion alle Lebensbereiche. Um die kosmische Ordnung nicht aus dem Gleichgewicht zu bringen, brachte man den Göttern Opfer und übte sich in Selbstkasteiung. In dem berühmten „Buch des Rates", *Popol Vuh*, der Heiligen Schrift der alten Maya, sind deren mythische Vorstellungen über den Schöpfungszyklus und die Zerstörung der Welt überliefert. Es wird erzählt, wie die Götter den ersten Menschen aus Mais schufen, deshalb wurde auch von *Maíz*-Menschen gesprochen. Mais bestimmt nicht nur die regionale Esskultur dieses faszinierenden Volkes, sondern die von ganz Mexiko. Das *Popol Vuh* gehört zu den wenigen schriftlichen Zeugnissen der präkolumbianischen

Geschichte, welche die Missionierung durch die spanischen Eroberer überdauert haben, und ist eines der bedeutendsten davon. Das Original ist verschwunden, aber dank der Übersetzung von Pater Francisco Ximenez, der 1688 nach Mittelamerika kam und das Vertrauen der Quiche-Maya gewann, erfuhr die Nachwelt mehr von deren mythischem Weltbild mit seinen unzähligen Göttern, die in der Ober- und Unterwelt lebten. Auf der Erde jedoch konnten sie nur in menschlicher Gestalt auftreten. Dies war der Grund, warum die Maya-Herrscher sich als irdische Manifestationen einer Gottheit ansahen. Den Maya-Göttern wurden in den ihnen geweihten Tempeln, wie bei den Azteken, blutige Menschenopfer dargebracht, nebst Weihrauch- und Blütenopfern. Das stellten Archäologen bei ihren Forschungen in der Ruinenstätte der großen vorkolumbianischen Stadt Chichén Itzá auf der Halbinsel Yucatán fest. Von den Maya in der klassischen Periode erbaut, zählt diese zu den bedeutendsten archäologischen Stätten Mexikos und zieht nach Teotihuacán die meisten Besucher an. Im Zentrum der Tempelanlage von Chichen Itzá ragt auf einer Plattform die von den Spaniern *El Castillo* genannte und weitgehend erhaltene Stufenpyramide des mächtigen Schlangengottes Kukulcán hervor. Wegen ihrer eindrucksvollen Monumentalbauten, wie etwa der Ruinen des Kriegertempels und des schneckenförmigen Observatoriums, genannt *Caracol,* wurde die ausgedehnte Ausgrabungsfläche 1988 zum Weltkulturerbe erklärt.

Der Archäologe Dr. Memo de Anda, der mit anderen Wissenschaftlern seit mehr als fünf Jahren in einer alten *Cenote* mit einem unterirdischen See unterhalb der Pyramide des Kukulcán forscht, hat dort in einer 70 Meter unter der Erde liegenden Höhle ein riesiges Massengrab entdeckt, angefüllt mit menschlichen Knochenresten, Schädeln, und Skeletten, aber auch Opfergaben, Keramik, Steinmessern und verkohlten Resten eines Altars, auf dem augenscheinlich viel Blut geflossen ist. Messungen ergaben, dass neben den bereits bekannten *Cenoten*, Chichén Itzá und Ki Kil noch zwei weitere unterirdische *Cenoten* im Umkreis der großen Pyramide im Zentrum der Stadt liegen, die in ihrer Blütezeit für die Wasserversorgung der bis zu 30.000 Einwohner lebensnotwendig waren. Da die *Cenoten* als Orte der Geister der Unterwelt für die Maya heilig waren, führte ein komplexes Netz an gut gemauerten Dammwegen, *Sacebes* genannt, von der Tempelanlage durch den Dschungel zu den *Cenoten*. Dr. Anda vermutet, dass in der Zeit des Untergangs extreme Dürreperioden die *Cenoten* so austrockneten, dass die Maya gezwungen waren, ihre einst so prächtige Stadt zu verlassen.

So ist es verständlich, warum einer der wichtigsten der unzähligen Maya-Götter der rüsselnasige Regengott Chaaak war, neben dem hakennasigen Himmels- und Schöpfergott Itzamná, dem Maisgott E und der Mond- und Fruchtbarkeitsgöttin IxChel, die in der Mondsichel sitzt. Von großer Wichtigkeit war aber auch der von den Tolteken übernommene buntgefiederte Schlangengott Quetzalcóatl, den die Maya Kukulcán nannten und der als Schlangenrelief auch auf der großen Pyramide in Chichén Itzá sichtbar ist. Auch die Priester der Maya zeichneten ihre mythologisch und geschichtlich bedeutsamen Ereignisse in einer eigenen, komplizierten Hieroglyphenschrift in faltbaren Codices auf, aber auch auf ihren Stelen, Wänden und Kunstwerken. Mittlerweile sind 90 Prozent der Maya-Schrift entschlüsselt, darunter auch der Text ihrer zehn Handschriften, unter dem Namen *Chilam Balam*. Durch diese „Bücher des Jaguar-Priesters" sind ihre Mysterien und geheimnisvollen Mythen, Prophezeiungen und ihr erstaunliches astronomisches und mathematisches Wissen der Nachwelt erhalten geblieben.

Generationen von Forschern haben sich mit der faszinierenden Kultur der Maya beschäftigt, die sich genauso wie auch bei den anderen mittelamerikanischen Kulturen in drei große Perioden gliedert. Die Maya-Präklassik begann ca. 3300 v. Chr. Bereits im Jahr 3114 v. Chr. setzte ihre unglaublich exakte Zeitrechnung ein. Um 200 n. Chr. gab es die ersten dauerhaften Siedlungen und um 1100 die erste Maya-Besiedlung von Honduras. Von 900 bis 400 v. Chr. wurde die Maya-Region durchgehend besiedelt. Um 200 n. Chr. bildeten sich erste Königreiche und damit auch die eigenständige Maya-Kultur. Die großen Städte der Maya wurden für religiöse Zeremonien gebaut, stets mit einer großen Pyramide im Zentrum, mehrräumigen Palästen, Ballspielplätzen und Dampfschwitzbädern, für die man Wasser über erhitzte Steine goss. Nur ihre Herrscher, Adeligen und Priester durften sich in diesen Städten aufhalten. Das einfache Volk wohnte in den kleinen Palmdach-Hütten (chozas), wie wir sie in den Mayadörfern auch heute noch sehen. Ihre Blütezeit war die Maya-Hochperiode von 200. bis 909 n. Chr., von deren Kunstwerken die gesamte Gegend von Tulum bis Cancún noch Zeugnis ablegt. Da die Hieroglyphenschrift der Maya gegen Ende der Präklassik abgeschlossen war, wie auch ihr hochentwickelter Kalender und ihr Rechen- und Zahlensystem, wurde ihre Geschichte in der Postklassik nicht mehr aufgezeichnet. Vieles von ihrer Kultur wurde leider auch von den spanischen Eroberern vernichtet, wie Mitte des 15. Jahrhunderts der Dominikanermönch Bartolomé de las Casas beklagte. Er war der erste Spanier, der den eigenständigen Wert der indigenen Kulturen der neuen Welt erkannte und die Ausbeutung der Ureinwohner in Veröffentlichungen anprangerte. 1516 wurde ihm deshalb offiziell der Titel „*Defensor universal de los Indios*" verliehen.

Mir erschien es wichtig, mich vor der Reise nach Mexiko und dem Einsatz von *Medical Mission Net-*

work über Land und Leute und die berühmte Kultur der Maya mit ihrer wechselvollen Geschichte zu informieren. Nicht nur aus Höflichkeit den Einheimischen gegenüber, sondern auch aus Dankbarkeit und Respekt, dass sie uns aus der westlichen Welt stammende fremde Besucher so gastfreundlich empfangen und uns so intensive Einblicke in ihre private Welt gewährt haben.

In den uralten Maya-Dörfern Francisco I Madero, Santa Maria Poniente, Naranjal Poniente, Tixcacal Guardia und Santa Amalia

Erst in unserer zweiten Einsatzwoche wurde mir richtig bewusst, dass der Maya-Dschungel Yucatáns viel ausgedehnter ist, als ich vorher dachte. Um zu den Dörfern im Umkreis von Felipe Carrillo Puerto zu gelangen, mussten wir viele Kilometer auf unbefestigten Wegen durch schier endloses, dichtes Buschwerk fahren. In diesem Gebiet, wo die Maya leben, sieht man Kokospalmen und Bananenstauden, Papaya- und Mangobäume, zwischen denen riesige pinkfarbene Bougainvilleas mit ihren seidenfeinen Blüten im Sonnenlicht als Farbtupfer hervorleuchten, knallrote Jacarandas, Hibiskus und samtrote Weihnachtssterne. In dem tropischen Klima gedeihen Avocados und Zuckerrohr, Kakao, Vanille und in Höhenlagen Kaffee. Auf den Dorfplätzen in den Maya-Dörfern sahen wir riesige Lebensbäume, mit ausufernd über den Boden kriechenden Wurzeln, dicht wie Baumstämme, die uns viel über die wechselvolle Geschichte der Maya erzählen könnten, daneben üppig orangerot blühende Flamboyant- und Korallenbäume. Ein berauschendes Farbenmeer in ursprünglicher Natur!

Das Dorf Francisco I. Madero, in das wir am Montag unserer zweiten Einsatzwoche fuhren, ist nach einem bekannten mexikanischen Revolutionär, Reformpolitiker und Schriftsteller benannt, der Anfang des 19. Jahrhunderts zwei Jahre Staatspräsident war. Die Älteren im Dorf sprechen fast alle nur Mayathan, manche auch ein wenig Spanisch. Die Kinder lernen Spanisch schon in der Schule. Eine sehr gepflegte Dame in einem modischen weißen Kleid, die für die Bezirksverwaltung arbeitete, begrüßte Pater Bennet wie einen alten Freund und zeigte ihm die für unsere Ärzte vorbereiteten Arbeitsplätze im Gesundheitszentrum. Diese staatlichen Zentren sollen die Bedürftigen kostenlos medizinisch versorgen, doch in der Regel sind sie sowohl finanziell als auch personell schlecht ausgestattet. In vielen ist noch nicht einmal regelmäßig ein Arzt oder eine Krankenschwester präsent.

Wie immer waren viele junge Mütter mit ihren Kindern und Babys auf dem Arm gekommen. Es bot sich uns ein so buntes Bild unter den lichtdurchfluteten grünen Bäumen, dass ich gar nicht aufhören konnte, die Menschen dort zu bitten, ob ich sie fotografieren dürfe. Die Kinder waren nicht schüchtern und zeigten sich fasziniert von meinem Tablet, mit dem ich im klimatisierten *Centro de Salud* in einem Eckchen sitzend meine Berichte verfasste. Ein aufgeweckter Junge mit fast asiatisch wirkenden dunklen Augen und einer schwarzen Bürstenfrisur schaute mir lange neugierig beim Schreiben zu. Ob er denn auch etwas auf dem Tablet schreiben dürfe, fragte er. „Gehst du denn schon zur Schule?", wollte ich wissen. „Si", antwortete er mit Stolz. Und so kam ein erstes Maya-Wort, das „Willkommen" heißen sollte, zu meinem bunten Kolibri auf dem Desktop dazu.

Als wir die vielen Patienten versorgt hatten und alles wieder in die Vans verstauten, fragte mich Alessandra, die Ehefrau unseres Laboranten Juan Vicente: „Hast du Lust, noch ein paar Schritte mit mir zu einer besonders schönen versteckten *Cenote* zu gehen?" Um dorthin zu gelangen und den dunklen See mit den in der Luft baumelnden Wurzeln der exotischen Pflanzenwelt rundum bewundern zu können, mussten wir über eine wackelige morsche Holztreppe aus Baumstämmen in die Tiefe klettern. Ich setzte mich unten auf einen großen Felsblock, um den Stimmen aus der Unterwelt der alten Maya zu lauschen, während Alessandra für mich von oben Fotos machte.

Auf unserer Rückfahrt sah ich, dass sich am Ortsrand von Francisco I. Madero neben den zahlreichen Palmblattdach-Hütten bereits kleine Häuschen und halbfertige Bauten aus Beton angesiedelt hatten, meist für die jüngere Generation, mit Elektrizität, TV und großen Wassertanks.

Auch das kleine Maya-Dorf Santa Maria Poniente – unser nächstes Ziel – verfügte über ein *Centro de Salud* mit Aircondition, sanitären Anlagen und passenden Räumen für die Behandlung unserer Patienten. In Scharen warteten sie mit der ihnen eigenen Geduld vor dem Gebäude, in der schwülen Hitze, mit Kindern und Babys auf dem Arm. Dazwischen liefen immer auch zutrauliche Hunde umher, die sich in unserer Nähe wohlzufühlen schienen. Im Gesundheitszentrum lief alles genau nach Plan ab, was Ärzte und Patienten dankbar zu schätzen wussten.

Viele der Maya-Frauen hatten sich für unseren Besuch hübsch angezogen, oft in leuchtend bunten Farben, junge Mädchen ganz modern in hautengen Jeans oder Leggings mit schicken T-Shirts, die älteren häufig in ihren traditionellen handgewebten und handbestickten Kleidern oder Blusen. Wir hatten das Glück, einer alten Maya-Frau, die Kleider nähte, einige abkaufen zu können. Seit Jahrhunderten war es Aufgabe der Frauen, kunstfertige Webwaren herzustellen. Nach einer alten Maya-Überlieferung soll sich einst sogar die Mond- und Fruchtbarkeitsgöttin selbst als Lehrmeisterin für die ornamentalen Webmuster, die häufig den Kreislauf des Lebens symbolisieren, betätigt haben.

Unsere *Padres* waren bei den Dorfbewohnern immer sehr gefragt und beliebt, auch weil sie für sie die Heilige Messe lasen oder Kranke segneten. Pater Alejandro feierte auch hier wieder in einem kühlen Palmblatt-Kirchlein eine Heilige Messe und besuchte anschließend einen kranken Jugendlichen mit dem Namen Jesús, der an Epilepsie litt. Ich durfte Pater Alejandro dabei begleiten und war erstaunt darüber, wie konzentriert der Junge alle Gebete auf Spanisch nachsprach, während sein Onkel stumm vor einem alten Fernseher hockte und seine Mutter gottergeben in ihrer Hängematte saß. Dabei wurde mir wieder einmal im Herzen bewusst, wie sehr unser Einsatz hier in jeder Hinsicht *Love in Action* war.

Wir brachen unsere Zelte vor Einbruch der Dunkelheit ab, um über die unbefestigten und unbeleuchteten Wege durch den Dschungel heil zurück ins Hotel zu kommen. Abseits von den gut ausgebauten Autobahnen wird die Fahrt zu den Maya-Dörfern und zurück schnell zu einem Abenteuer. Auf unserer Rückfahrt setzten plötzlich tropische Regengüsse ein, die im Nu den schmalen Weg mit tiefen Schlaglöchern überfluteten. Um diesen auszuweichen, musste unser Fahrer Luis, der die Ruhe selbst war, oft so nah am Wegesrand das Gebüsch streifen, dass Äste und Zweige laut gegen die Fensterscheiben unseres Vans knallten und die Achsen gefährlich stöhnten. Wieder auf der sicheren Autostraße angekommen, stimmte

Paulina bekannte spanische Popsongs an, in die wir aufgekratzt und fröhlich alle lautstark einstimmten.

Am dritten Einsatztag in dieser Woche – am Welt-Gedenktag für Ärzte – fuhren wir unterwegs nach Naranjal Poniente durch uraltes Maya-Gebiet. Hier hatte Pater Bennet vor 17 Jahren in dem Dorf Chunhuhub gemeinsam mit einem Priester aus der Region seinen ersten medizinischen Einsatz durchgeführt. Viele Menschen hier kennen Pater Bennet noch aus dieser Zeit und kamen nun nach Naranjal Poniente, um ihn wie einen alten Freund willkommen zu heißen. Sie haben nie vergessen, wie er damals der kleinen Angela, einem schwer herzkranken Mädchen, eine Operation in einem Berliner Krankenhaus ermöglichte. Heute ist sie ein glücklicher Teenager und wir sehen sie immer wieder, wenn wir in dieser Gegend arbeiten.

Als wir in Naranjal Poniente ankamen, warteten die Patienten bereits auf Bänken unter einem Palmblatt-Dach, bis sie an der Reihe waren. Im *Centro de Salud* kümmerten sich unsere Ärztinnen Paulina und Renata rührend um eine alte Frau im Rollstuhl. Die immer lächelnde Andrea aus Honduras beriet Patienten im Flur, während Norma in einem beengten Raum einem Jungen, der sich die Seele aus dem Leib brüllte, einen Zahn zog. Viele Kinder gehen bei unseren Einsätzen zum ersten Mal überhaupt zu einem Zahnarzt – kein Wunder, dass sie aufgeregt sind.

Da es in dem Gesundheitszentrum sehr beengt war, machte ich mich draußen auf die Suche nach einem schattigen Ort zum Arbeiten. Nach einer Weile fand ich dann hinter dem Gebäude mein „Paradies-Plätzchen", unter einem offenen Palmdach auf Pfosten, idyllisch umgeben von Palmen. Von dort aus konnte ich ungestört auf meinem Tablet über das Maya-Dorf hier berichten. Als Pater Alejandro mich in meinem kleinen Paradies fand, um mir mit Batterien für meine PC-Maus auszuhelfen, zeigte er mir auch die hier noch heimischen, aber auch in Mexiko selten gewordenen Guano-Palmbäume, deren riesige fächerartige Blätter die Maya trockneten, um mit ihnen die Dächer ihrer Häuschen, *choza* genannt, zu bedecken. Pater Alejandro versicherte mir, dass diese Palmblattdächer regendicht seien.

Wie überall waren die vielen Kinder auch hier erstaunlich aufgeschlossen. Fast alle trugen christliche Namen, wie Lourdes, Maria, Elias, Louis, Michele oder Antonio. Der christliche Glaube tröstet und bestärkt sie oft und sie vertrauen Jesus als ihrem persönlichen Freund und seiner Mutter Maria alle ihre Sorgen an. An vielen Orten hier im Dschungel findet man deshalb auch versteckte Gebetsnischen mit einem Bild der hier sehr verehrten *Morenita*. Auch hier wurde Pater Alejandro wieder zu einem Krankenbesuch in eine ärmliche *choza* gebeten, vor deren Tür munter ein paar scheckige kleine Kätzchen spielten.

Auf der Rückfahrt zu unserem Hotel erzählte Pater Bennet uns, wie viel rückständiger das Leben der indigenen Bevölkerung noch war, als er seine ersten Einsätze in Mexiko durchgeführt hatte. Heute bemüht sich die Regierung, die Lebensbedingungen der Maya zum Beispiel durch Straßenbau oder Wohnungsbauprogramme wenigstens ein bisschen zu verbessern.

Ein Dorf mit langer Vergangenheit

Am nächsten Morgen ging es in die abgelegene alte Region von X-Cacal. Sie besteht aus mehreren Weilern mit insgesamt über 4000 Mayathan sprechenden Einwohnern und liegt im Gebiet des Municipio Felipe Carrillo Puerto. Das Dorf Tixacal Guardia selbst hat rund 600 Einwohner, ist also ähnlich klein wie die meisten Dörfer, die wir hier besuchen, und ist bis heute Standort eines Sprechenden Kreuzes aus der Zeit des Kastenkrieges. Nach der Einnahme von *Chan Santa Cruz* durch mexikanische Truppen unter General Ignacio Bravo fanden die Maya-Kämpfer *(Cruzoob)* mit ihren Familien in X-Cacal Zuflucht und konnten den Kult des Sprechenden Kreuzes weiter pflegen. Sie führten als die letzten aufständischen Maya den Kampf bis 1935 fort, bis auch sie in einem Friedensvertrag die Herrschaft Mexikos anerkannten. Kulturell konnten die Maya hier bis heute ihre Autonomie bewahren. Der „Hüter des Kreuzes" (*Nohoch Tàatah* – „Großer Vater"), der seine Aufträge von

Gott empfängt, ist noch immer ihre geistliche und weltliche Autorität.

Das Mittagessen wurde uns wieder in einem privaten Palmdach-Haus serviert. Bei diesen Mahlzeiten, die uns von den Einheimischen serviert wurden, hatten wir die Gelegenheit, die Küche Yucatáns, die ihre eigenen Traditionen entwickelt hat, kennenzulernen. So gibt es neben den mit Chili und Tamarinde gewürzten Füllungen für die Tortillas und Enchiladas hier auch solche mit Huhn oder gebratenem Schweinefleisch mit Zwiebeln oder Shrimps mit gehackten Korianderblättern. Einfach köstlich! Dazu Salsa Mexikana aus Zwiebeln und rotem Chili und die allgegenwärtige süßlich-scharfe, dickflüssige Mole-Soße. Deren Rezept mit Chili, Sesam, Mandeln Erdnüssen und Kakao soll eine Dominikanerin in ihrer Klosterküche in Puebla erfunden haben, als der Besuch des Vizekönigs vor der Tür stand. Eine klassische Zutat sind auch *Frijoles refritos,* ein braunes Mus aus pürierten gebratenen Bohnen, ein Grundnahrungsmittel der mexikanischen Küche. Dazu scharfe Guacamole und rote oder grüne Chilisauce, die so scharf ist, dass man sich den Mund daran verbrennt. Berühmt ist auch die klare Hühnersuppe mit Gemüse und Limetten für heiße Tage oder eine deftige Suppe mit Hühnchen oder Fleisch und aufgequollenem Mais. Auch gekochte oder gebratene *Nopales* lernte ich hier schätzen, die sehr gesunden und vitaminreichen Blätter des Feigenkaktus, ein in Mexiko beliebtes Gemüse, das Blutzucker und Cholesterin senken soll. Die Küche hier ist verführerisch, aber auch kalorienreich, denn Mais ist ein Grundnahrungsmittel. Die freundlichen Gastgeber in den Maya-Dörfern servierten uns außerdem als Nachtisch immer frische tropische Früchte und Fruchtgetränke. Und so verlief der vorletzte Tag unseres Einsatzes etwas beschaulicher als sonst, sodass wir nach getaner Arbeit etwas früher unsere Rückfahrt zum Hotel antreten konnten.

Fernab der Zivilisation

Der Einsatz am letzten Tag, in dem tief im Dschungel versteckten uralten Maya-Dorf Santa Amalia war für mich eine ganz besondere Erfahrung. Santa Amalia ist ein noch ursprünglich gebliebener Ort, in herrlicher Natur voller Zauber und Magie. Dort angekommen, wähnte ich mich sofort in einem Paradies. Das Dorf war umgeben von riesigen Lebensbäumen, den heiligen *Ceibas,* und uralten Zypressen, in deren dichten Baumkronen Vögel ihr Loblied trällerten. In den Riesenbäumen nisten vereinzelt noch die schönsten Tropenvögel, und mit etwas Glück kann man sogar den bunten Schnabel eines Regenbogen-Tukans erblicken oder den seltenen, grün und scharlachrot gefiederten Quetzal mit seiner langen grünen Schwanzfeder oder einen in einer Baumhöhle nistenden bunten Ara. Während die kleinen, grünen Papageien und winzigen Kolibris zwitschernd durch den Blätterwald flogen, durchstreiften, wie man uns erzählte, Jaguare, Pumas, Bären, Kojoten und Wildschweine den Dschungel, beobachtet von dem seltenen Steinadler, der in der Luft kreiste. Auf jeden Fall sollte man sich mit gutem Schuhwerk gegen Skorpione schützen.

In dem Maya-Dorf Santa Amalia schien die Zeit stehengeblieben zu sein. Es gab kein *Centro de Salud,* nur Palmdach-Häuser, oft mit bunten Blumen davor, fast wie in kleinen Gärten. Als wir unsere Vans unter schattigen Bäumen geparkt hatten, kamen uns schon die Dorfbewohner mit ihren Kindern zur Begrüßung entgegen. Pater Bennet wurde von einer Dame in einem eleganten blauen, mit den traditionellen Stickereien versehenen Kleid sehr herzlich willkommen geheißen. Sie wurde begleitet von einem sympathischen jüngeren Mann, der eine goldene Halskette und ein goldenes Armband trug. Es handelte sich um Vertreter der Bezirksverwaltung von Felipe Carrillo Puerto, die gekommen waren, um sich für unseren Einsatz in dem Dorf zu bedanken.

Fast unsere ganze Arbeit musste in Santa Amalia im Freien stattfinden. Nur zwei aufgeklappte Liegen im Palmblattdach-Kirchlein dienten für notwendige Untersuchungen. An der Wand hinter dem Altar befand sich dort eine farbenfrohe Sammlung von Heiligenbildern, die Maria von Guadalupe und andere bekannte Madonnenbilder, der Barmherzige Jesus der

Schwester Faustina, das Heiligste Herz Jesu – kurz gesagt alles, was das katholische Herz erfreut. Daneben sah man kleine Jesus-, Maria- und Engelstatuen sowie ein Kruzifix. Die Wand der Kirche war über und über mit bunten Plastikblumen geschmückt. Das Kirchlein strahlte eine Unschuld und Heiterkeit aus, die nicht nur mein Herz, sondern sicher auch den ganzen Himmel berührt hätte.

Die Ärzte fanden draußen oder in der Kirche einen Platz, Zahnärztin Norma arbeitete vor dem offenen Eingang einer Hütte, dort stand eine Liege für ihre Patienten. Pater Alejandro spielte mit einer ganzen Horde fröhlicher Kinder. Ein schönes Bild! Ich selbst ließ mich auf einem Mini-Bänkchen in der Kirche nieder. Ein entzückender kleiner Bub gesellte sich zu mir, er trug ein lila Fußball-T-Shirt mit der Nummer 07, drückte sich an mich und nahm meine Hand, um sie gar nicht mehr loszulassen. Der Kleine war mit seiner *Abuela* hier, seiner Großmutter, und einer älteren Schwester. Er war so anhänglich, dass ich ihn am liebsten mitgenommen hätte.

Vor einem Haus sahen wir einen älteren Jungen mit einem noch kleinen Tejon-Bären spielen. Er hatte ihn im Busch gefangen und hielt ihn wie ein Haustier. Er hatte den Bären vor dem Haus mit einer Leine angebunden. Schnell sprach sich dies im Team herum und jeder, der gerade nichts zu tun hatte, wollte den kleinen Bären mit der spitzen Nase und dem langen Schwanz sehen. Der Junge machte die Leine los und setzte einem nach dem anderen von uns das Bärchen auf die Schulter. Ein herrliches Fotomotiv, allerdings mussten wir aufpassen, wenn der kleine Kerl die Krallen seiner Füße ausfuhr oder uns mit seiner Spitzschnauze mit einem Küsschen beglücken wollte.

Als der Bär genug von uns hatte, lief er schnurstracks zurück zu seinem Steinhügel vor dem Haus. Als ich dort nach ihm suchte, um noch ein Foto zu schießen, flitzte er plötzlich direkt unter der Liege hervor, auf der Norma gerade mit ihrem Bohrer einen Patienten behandelte. Als wir den Maya-Jungen fragten, wie er es schaffe, den Bären als Haustier zu halten, lachte er und verriet uns seinen Trick: „Bestechung! Er bekommt seine Lieblingsspeise. Am liebsten frisst er den ganzen Tag frische Hühner-Eier." Und freilaufende Hühner für frische Eier hatten die Dorfbewohner alle zur Genüge.

Da die meisten im Dorf nicht Spanisch sprachen, waren örtliche Helfer da, um für unsere Ärzte zu übersetzen. Einer der Dolmetscher sagte Pater Alejandro, dass eine alte Dame gerne bei ihm beichten würde. Da sie nur Mayathan sprach, setzte Pater Alejandro sich allein mit ihr auf zwei Stühlen unter einen alten Baum und hörte ihr mit geschlossenen Augen zu. „Pater Alejandro", fragte ich ihn hinterher. „Sie haben doch kein Wort verstanden?" Er lächelte. „Aber Ingrid, der Heilige Geist ist doch unser von Jesus zugesagter Beistand. Und er versteht alles."

Die Maya freuen sich sehr, wenn wir versuchen, wenigstens ein paar Worte mit ihnen in ihrer Sprache zu sprechen. Unsere mexikanischen Ärztinnen Paulina und Renata übten gelegentlich im Bus Maya-Vokabular. Dieser Versuch klang aber so komisch, dass dies beim Rest des nach der Arbeit aufgekratzten Teams unweigerlich zu Lachanfällen führte.

In Santa Amalia kam mir alles heiter, unberührt und unschuldig vor. Es gab hier kaum etwas von unserer Zivilisation. Nicht weit vom Dorf entfernt befand sich eine traumhaft schöne *Cenote*, eine der schönsten von Quintana Roo. Das Wasser des Sees war teils mit Seerosen bedeckt, und am Ufer wuchs ein dichtes Schilfmeer, aus dem exotische Vögel laut zwitschernd hochflatterten. Ein Spaziergang mit Pater Bennet zu diesem für die Maya heiligen Ort war für mich der beglückende Abschluss unseres letzten Einsatztages.

„Gibt es hier eigentlich auch Schlangen?", erkundigte ich mich bei Pater Bennet, als wir durch das trockene Gras und Gestrüpp stapften. Pater Bennet lachte: „Jede Menge." „Giftig?", fragte ich. „Sehr giftig. Ich habe vorhin hier im Gras eine Coralina kriechen sehen." Diese Korallenschlange lebt unter

Steinen, Blättern und welkem Laub und hat rote und gelbe Bänder auf dem Rücken. „Wenn sie beißt und man nicht innerhalb von Minuten ein Gegengift bekommt, stirbt man", erklärte Pater Bennet. Ich holte tief Luft, denn ich hatte große Angst vor diesen hinterhältigen Tieren. Da war sie also wieder, die alte Schlange! „Aber sie beißt Menschen nicht so oft", scherzte Pater Bennet. „Sehr tröstlich!", erwiderte ich. „Trotzdem bin ich heilfroh, dass wir uns unter den Schutz der Madonna gestellt haben!"

Bevor wir von Santa Amalia Abschied nehmen mussten, hatte ich noch ein aufschlussreiches Gespräch mit dem offiziellen Maya-Beauftragten der Gesundheitsbehörde von Quintana Roo. Er hatte in Amerika Ökologie studiert und erzählte mir, dass jetzt auch in Mexiko aufgrund der vielen Klimakatastrophen und der Abholzung der Regenwälder ein ernsthaftes Umdenken stattfinde. Die neuesten wissenschaftlichen Erkenntnisse über die ökologischen Zusammenhänge führten auch in seiner Heimat zu einer neuen Wertschätzung der indigenen Bevölkerung, weil man von dieser über die Natur sehr viel lernen könne. Denn das alte, traditionelle Wissen, z.B. über den Ackerbau auf dem karstigen Kalksteinboden der ganzen Halbinsel Yucatán sowie über die unzähligen Heilpflanzen, die hier im Dschungel gedeihen, sei noch lebendig. Die staatliche Universität von Mexiko-Stadt habe sogar einen eigenen medizinischen Fachbereich für die

Erforschung dieser pflanzlichen Heilmittel eingerichtet und auch bereits eine vielversprechende Pflanze für die Krebstherapie im Visier, davon erwarte man erstaunliche Ergebnisse. Zum Ausklang zelebrierte Pater Alejandro am Nachmittag noch eine Heilige Messe in dem kleinen, offenen Palmdach-Kirchlein, bevor wir uns von den gastfreundlichen Maya in Santa Amalia verabschieden mussten.

So war viel zu schnell der letzte Abend im Hotel TURQUESA MAYA gekommen. Nach dem Abendessen bekamen wir alle noch eine Urkunde, weil wir an dem medizinischen Hilfseinsatz teilgenommen haben. Ich bedauerte es ein wenig, dass die Tage unseres Einsatzes hier wie im Flug vorüber gegangen waren.

Gottes ewige Weisheit hat von Ewigkeit her
das Kreuz ersehen, das er dir als ein
kostbares Geschenk aus Seinem Herzen gibt.
Er hat dieses Kreuz, bevor er es dir schickte,
mit seinen allwissenden Augen betrachtet,
es durchdacht mit Seinem göttlichen Verstand,
es geprüft mit Seiner weisen Gerechtigkeit,
mit liebenden Armen es durchwärmt, es gewogen
mit seinen beiden Händen, ob es nicht einen Millimeter
zu groß und ein Milligramm zu schwer sei.
Und er hat es gesegnet in seinem Allerheiligsten Namen,
mit seiner Gnade es durchsalbt und mit seinem Trost es
durchduftet. Und dann noch einmal auf dich und deinen
Mut geblickt und so kommt es schließlich aus dem
Himmel als ein Gruß Gottes an dich, als ein
Almosen der allbarmherzigen Liebe.

Hl. Franz von Sales

Abschied von Mexiko

Fahrt nach Cancún und Besuch
im Garten Eden von Xcaret

Nach der Heiligen Messe am Samstagmorgen ging es dann zurück nach Cancún. Einige traten gleich ihren Heimflug an, anderen wollten noch ein paar Tage bleiben. Norma und ich, die wir uns vom ersten Moment an prächtig verstanden, hatten in Cancún noch für eine Nacht ein Zimmer in einem kleinen Strandhotel gebucht, denn Norma wollte sich noch mit einer alten Studienfreundin treffen. Dieser Freundin, die auch Norma hieß, verdanken wir den Besuch in Xcaret, einem tropischen Park, in dem man die im Südosten von Mexiko typische Flora und Fauna bewundern kann. In einem üppig bepflanzten Garten wurden wir von Hunderten bunten Riesenschmetterlingen umflattert, die sich oft auf unseren Schultern niederließen. Außerdem konnten wir uns dort ein Bild machen von den prähispanischen und kolonialen Traditionen des Landes, denn es werden Ausstellungen, Tänze und Nachbauten historischer Gebäude gezeigt, und vor allem ein zweiteiliges zur bewegten Geschichte des Landes, für das wir am Abend Karten bekommen hatten. Es war ein spannender Durchlauf durch die verschiedenen Epochen, angefangen mit der Zeit der Maya, Azteken und Zapoteken, gefolgt von der Kolonialzeit mit seinem Vizekönigreich Neuspanien und den nachfolgenden Revolutionen, dem Weg zur Republik bis zum heutigen modernen Mexiko, das in seinen jetzigen Grenzen erst seit 150 Jahren besteht. Für die bemerkenswerte künstlerische Darstellung in den zwei riesigen, der Maya-Architektur nachempfundenen Theater-Arenen waren bekannte mexikanische Schauspieler, Sänger und Mariachi-Musiker engagiert worden. Die Künstler, in ihren in den Nationalfarben genähten Kostümen, stellten ihre Rollen mit großer Leichtigkeit und viel Humor dar. Der wichtigste Moment des Schauspiels war für mich aber eine kleine Szene ganz am Ende. Als die Künstler auf der Bühne sich vor den applaudierenden Zuschauern verbeugten, erschien hinter ihnen eine riesige Standarte mit dem Bildnis der Maria von Guadalupe. Die Himmelskönigin wollte wohl allen Besuchern hier sagen, dass sie trotz aller menschlichen Irrungen und Wirrungen im großen Weltentheater immer noch die Mutter und Schutzpatronin aller Völker und Ethnien ist. *„No estoy yo aquí, que soy tu madre?"*

Die Weisheit des Jesus Sirach in der Kirche Cristo Resucitado in Cancún

Am Sonntag, dem Weltmissions-Sonntag, fuhren Norma und ich nach dem Frühstück zu einer Kirche. Wir wollten in der Heiligen Messe der Muttergottes für alles danken, was wir in den vergangenen zwei Wochen unter ihrem Schutz erleben durften. Die große, lichtdurchflutete und mit vielen Topfpalmen reich geschmückte Kirche wurde von Priestern der Legionäre Christi geleitet und war bis auf den letzten Platz besetzt.

Die erste Lesung des Tages war aus dem Buch Jesus Sirach (35,15–17.20–22): *Denn der Herr ist Richter und es gibt bei ihm kein Ansehen der Person. Er bevorzugt niemanden gegenüber einem Armen. Die Bitte ei-*

nes ungerecht Behandelten wird er erhören. Er missach-
tet nicht den Hilferuf der Waise und die Witwe, wenn
sie ihren Jammer ausschüttet. Fließen nicht Tränen der
Witwe über die Wangen und richtet sich der Schrei nicht
gegen den, der sie hinabfließen ließ? Wer Gott wohlgefäl-
lig dient, wird angenommen und seine Bitte dringt bis
in die Wolken. Das Gebet eines Demütigen durchdringt
die Wolken, und bevor es nicht angekommen ist, wird er
nicht getröstet und er lässt nicht nach, bis der Höchste
darauf schaut.

Die Worte dieses Evangeliums schienen wie für mich
persönlich geschrieben. Gott hatte meine Gebete und
Hilferufe gehört, nachdem ich nach Klaus' plötzlichem Tod in ein schwarzes Loch gestürzt war und
nicht wusste, wie ich je wieder herauskommen sollte.
Er hat mir viel mehr geschenkt und zugetraut, als ich
mir je hätte träumen lassen, mehr sogar als das, wo-
für ich gebetet hatte. Diese wunderbare Mexiko-Reise und die vielen Menschen, die mich aufgefangen
und meine Auferstehung auf „leuchtenden Pfaden im
Dunkel der Nacht" so liebevoll begleitet haben, sind
der allerbeste Beweis dafür!

Nachdem wir aus dem Hotel ausgecheckt hatten,
fuhren wir zum Flughafen, nun ging es zurück nach
Mexiko-City. Beim Check-in setzte Norma wie schon
beim Hinflug durch, dass ich meinen Trolley mit den
vielen Medikamenten mit in den Riesen-Airbus neh-

men durfte. Daraufhin sagte ich zu ihr: „Danke, liebe Norma, dass du mich als Schutzengel nach Mexiko begleitet hast. Danke für deine Geduld und dass ich bis zum Heimflug wieder mit dir bei deinen Eltern bleiben darf. Und ich dir nie auf die Nerven ging, wenn ich es hier in Mexiko ohne deine Hilfe wieder einmal nicht geschafft habe, ein neues Netzwerk im Hotel in mein iPhone einzugeben ..." Norma unterbrach lachend meine lange Rede. „Aber wir sind ja noch lange nicht fertig! Bevor wir heimfliegen, machen wir eine kleine Rundfahrt durch Mexiko-Stadt und besuchen noch einmal die Basilika der Maria von Guadalupe!"

Abschied von unserer Schutzpatronin Maria von Guadalupe

Normas Eltern, Josi und Ernesto, waren so liebenswürdig, uns zu später Stunde wieder am Flughafen Benito Juarez in Mexiko-Stadt abzuholen. Es war schön mitanzusehen, wie liebevoll und warmherzig die beiden miteinander umgingen. Dieses kultivierte, tiefgläubige Ehepaar strahlte so viel Glück aus, dass man förmlich spürte, dass diese langjährige Ehe wirklich im Himmel geschlossen worden sein musste.

Am nächsten Tag nahm Normas Schwester Betty mich und Willi, Normas Ehemann, mit zur Universität, wo sie ihren Arbeitsplatz hatte, und wir unternahmen eine Rundfahrt über den riesigen Campus. Die

Nationale autonome Universität (UNAM) im Süden von Mexiko-Stadt ist eine der ältesten und größten lateinamerikanischen Hochschulen und wegen seiner bemerkenswerten architektonischen Gestaltung seit 2007 UNESCO-Weltkulturerbe. Besonders bekannt ist die Bibliothek, genannt „Turm des Wissens", die uns Betty stolz zeigte, ist sie doch ihr bevorzugter Arbeitsplatz. Die Wandmalereien am Gebäude, die sich der Geschichte des Landes widmen, wurden von Diego Rivera mitgestaltet, einem der bekanntesten mexikanischen Maler der Moderne und Ehemann von Frieda Kahlo. Deren berühmte blaue Villa *Casa Azul* im Stadtteil Cayoacàn, wo die Künstlerin mit ihrem Ehemann lebte und die heute ein Museum ist, lernten wir nach einer Fahrt durch das malerische alte Viertel *Santa Caterina* mit seinen bunten Kolonialhäusern, prächtigen Palais und einem Park mit Museum auch noch kennen.

Adios, la Guadalupana

Es war ein sonniger und warmer Herbsttag, als wir mit Normas Eltern und ihrem Ehemann Willi ein letztes Mal vor unserem Heimflug nach Deutschland die Basilika der Maria von Guadalupe besuchten. Wir parkten in der Tiefgarage der *Plaza Mariana* und kamen gerade rechtzeitig zum Beginn einer Heiligen Messe. Noch einmal fiel mein inniger Blick auf die aus dünnen Agavefasern gewebte Tilma mit dem als himmlisches Zeichen erschienenen 500 Jahre alten Bild. Noch einmal betrachtete ich dieses aufmerksam. Marias türkisfarbener, sternenübersäter Umhang leuchtete nach all den Jahrhunderten immer noch wie frisch gemalt. Wie man sich in Mexiko erzählt, soll sich unterhalb ihres Gürtelbands ein Embryo verbergen. Denn am 24. April 2007 soll im Beisein Tausender Pilger während der Heiligen Messe, die an diesem Tag für die abgetriebenen Kinder aufgeopfert wurde, an dem Bild ein bemerkenswertes Zeichen zu beobachten gewesen sein. Während viele Gläubige Fotos von der Jungfrau machten, schien ihr Bild plötzlich zu verblassen und ein intensiv helles, weißes Licht begann aus ihrem Leib zu leuchten. Der helle Lichtschein kam genau aus der Stelle ihres Körpers, wo sich die Gebärmutter befindet, und zeigte Konturen eines ungeborenen Kindes im Embryostadium. Da am selben Tag in Mexiko-Stadt staatliche Gesetze in Kraft traten, welche die Abtreibung bis zur zwölften Schwangerschaftswoche legalisierten, war dies für die Gläubigen ein eindringlicher Hinweis darauf, dass auch Jesus, noch im Verborgenen, ebenfalls neun Monate im Bauch seiner Mutter unter den Menschen anwesend war. Genaue Studien und Untersuchungen der Negative der Fotos zeigten keinerlei Manipulationen oder Verfälschungen durch Lichtreflexe oder Kamerablitze. In Vergrößerungen sah man sogar leichte Schatten im Körper des Embryos, als ob diese seine physische Existenz verdeutlichen wollten. Schon bei meinem ersten Besuch in der Basilika hatte Betty mir erklärt: „Ingrid, du musst wissen, dass wir Mexikaner glauben, dass die Madonna bei uns hier in dieser Basilika tatsächlich lebt!" Langsam verstand ich, wie sie das gemeint hatte. Norma hatte mir erzählt, dass schon eine alte Legende der Mexicalis besagen würde, dass eines Tages eine schöne junge Frau bekleidet mit der Sonne vom Himmel kommen würde, die schwanger sei und auf einer Mondsichel stehen würde. Das klingt für uns Christen ja fast wie die Prophezeiung aus der Offenbarung des Johannes.

Bei strahlendem Wetter gingen wir nach dem Besuch der Basilika zu der Treppe, um die vielen Stufen zum Ort der Erscheinung Marias auf dem Tepeyac zu erklimmen. Neben dem bogenförmig begrünten Treppenaufgang stand ein farbenprächtig mit Blumen und Girlanden geschmückter Altar. Darauf sah man ein Foto des polnischen Papstes, Bilder der Madonna und geschmückte Figuren. Zu dieser Zeit, Anfang November, wird nach altem Brauch neben Allerseelen der Totengedenktag – *„Dia de los muertos"* – noch dazu gefeiert. Überall auf den Plätzen und Straßen waren solche Opfertische aufgestellt, bunt beladen mit Blumen, Früchten, Fotos und Gaben für die Verstorbenen, aber auch mit Totenköpfen und lustigen Skizzen von Skeletten.

Wir kletterten also tapfer die vielen Stufen hoch, legten aber auf halbem Weg auf einer Plattform eine

Pause ein. Noch ein paar Stufen, dann standen wir vor einer Mauerwand und einem Bild der Madonna. Darunter stand auf einer Tafel auf Spanisch: *In Erinnerung an den Ort, wo am Samstag, dem 9. Dezember 1531, die Muttergottes das erste Mal mit Juan Diego gesprochen hat. Am Nachmittag desselben Tages, und am Sonntag, den 10. Dezember erwartete sie ihn wieder. Am Morgen des 12. Dezember sprach sie erneut mit ihm. Dies hier ist der Ort, wo Juan Diego auf ihre Bitte hin die Rosen für das Wunder gesammelt hat.*

Ein paar Schritte weiter befand sich die Eingangstür zu der schönen kleinen Barockkapelle, über der sich ebenfalls das bekannte liebliche Porträt befand. Die Inschrift darunter lautete: *Dieses kleine Haus ist ein Ort unserer Mutter, der Heiligen Maria von Guadalupe. Es ist ein Ort des Gebets, der Meditation, der Feier der Heiligen Messe und der Evangelisierung.* Von dem heiligen Ort berührt, betraten wir leise das kleine Gotteshaus. Auf dem halbrunden, künstlerisch auf schneeweißem Marmor gemeißelten Aufsatz des Altars blickte die heilige Jungfrau von Guadalupe aus einem prächtigen Goldrahmen auf ihre Besucher, bewacht von zwei weißen Engelstatuen an ihren Seiten. Wie viele flehentliche Gebete die himmlische Mutter aller Menschen wohl hier schon angehört hatte? Sehr beeindruckend waren auch die Fresken an beiden Seitenwänden der Kapelle. Sie erinnerten mich sehr an das berühmte Wandfresko „Madonna mit Engeln" von Cimabue in der Unterkirche der Franziskusbasilika in Assisi sowie an Giottos Freskenzyklus in der oberen Basilika, mit den Darstellungen der Episoden aus dem Leben des heiligen Franziskus. Vor einigen Jahren hatten Klaus und ich auf einer ausgedehnten Reise durch Umbrien auch Assisi besucht.

Die in ähnlich zarten Farben gemalten Wandfresken in der Kapelle zeigen die Madonna, wie sie Juan Diego auf dem Tepeyac erscheint, umgeben von einer Schar von Engeln. Als ich am Abend mit Betty darüber sprach und die Engel auf den Wandbildern erwähnte, erklärte sie: „Während ihres Erscheinens auf dem Tepeyac war Maria, wie im *Nican Mopohua* berichtet, die ganze Zeit umgeben von Engeln." Die Fresken stellen auch die Szene in der bischöflichen Residenz dar, mit Bischof Zumárraga im Ordenskleid der Franziskaner, umringt von Besuchern und Bediensteten, in dem Augenblick, als Juan Diego seine Tilma öffnet und vor aller Augen die duftenden Rosen zu Boden fallen und dabei das Bildnis der Madonna auf Stoff erscheint. Die Wandfresken haben etwas traumhaft Schönes, Anziehendes, und wenn man sie länger betrachtet, fühlt man sich wirklich in die Gegenwart der Madonna versetzt.

Nach einem letzten Blick auf das Panorama von Mexiko-Stadt, mit der runden Kuppel der alten Basilika im Vordergrund, stiegen wir wieder die vielen Stufen der Treppe hinunter, um uns von der „immerwährenden Heiligen Jungfrau, der Mutter des einzig wahren heiligen Gottes, des Leben spendenden Schöpfers aller Menschen", wie sie sich Juan Diego vorgestellt hat, zu verabschieden. Die Glasfensterfront der Basilika mit ihren bunten Mosaiksteinchen glitzerte und funkelte im Sonnenlicht, als wir zum Abschied noch einmal eintraten. „Adios, Guadalupana, y muchisimas gracias", sagte ich mit einem letzten Blick auf das faszinierende Bild. Hatte sie uns nicht zugesagt, dass sie uns ihre ganze Liebe spenden wird, ihren erbarmenden Blick, ihre Hilfe und ihren Trost, ihre Rettung? Und dass sie als Mutter all denen, die sie suchen und ihr vertrauen, zuhören wird und sie in ihrer Trauer trösten und allen Schmerz lindern wird? Sie, die Mutter aller Völker und Ethnien.

Mit Dankbarkeit im Herzen für alles, was der Himmel mir zum Trost in den dunklen Tagen an Licht geschenkt hatte, ging ich mit Norma und Willi noch in den kleinen Devotionalienladen hinter der Rolltreppe, um Bilder der Maria von Guadalupe und ein paar Mitbringsel für Familie und Freunde zuhause zu kaufen. Wir ließen diese an einem Stand draußen neben der Basilika von einem Priester segnen, bevor wir über den großen Platz zur Tiefgarage gingen.

Von irgendwoher in der Nähe erklang das in ganz Mexiko berühmte Lied *La Guadalupana,* das auch wir in der heiligen Messe bei unserem Einsatz im Dschungel oft gesungen hatten. Es ist ein altes Loblied auf die Königin des Himmels, dessen Refrain die Geschichte ihres Erscheinens auf dem Tepeyac erzählt. *„Desde el cielo una hermosa mañana, La Guadalupana, La Guadalupana bajó al Tepeyac…"* „Vom Himmel stieg eines schönen Morgens die Jungfrau von Guadalupe. Die Jungfrau von Guadalupe stieg hinunter nach Tepeyac …"

Als der Lufthansa-Airbus am nächsten Abend abhob, um uns zurück ins spätherbstliche Deutschland zu fliegen, hatte ich das schöne Lied noch immer im Ohr. Dass ich in Mexiko-Stadt die Himmelsmutter in ihrer Basilika besuchen und an dem Einsatz im Dschungel teilnehmen durfte, wird immer ein Höhepunkt in meinem Leben sein. Ich werde allen meinen wunderbaren Freunden in Mexiko immer in großer Dankbarkeit verbunden bleiben. *Sempre fiel* – wie es die Mexikaner auf der imposanten Statue von Papst Johannes Paul II. so schön ausgedrückt haben. Gott, unser Vater, und die himmlische Mutter haben wirklich alles wieder gut gemacht für mich.

Epilog

Bei allen Bitten und Gebeten,
die du an Gott richtest, sollst du
nicht dich allein im Auge haben,
sondern sollst immer „Wir" sagen,
wie der Herr es uns im Vaterunser
gelehrt hat, wo kein „Ich"
und kein „Für mich" vorkommt.

Hl. Franz von Sales

Zurück zur Quelle allen Seins

Kaum daheim wieder angekommen, überschlugen sich die Ereignisse. Am 3. November, an Klaus' zweitem Todestag, feierte Pater Bennet wieder eine Gedenkmesse für ihn im Ursulinenkloster. Viele unserer alten Freunde waren gekommen und auch einige neue. Anschließend lud ich alle wieder, wie schon im Jahr zuvor, zu einem kleinen Abendessen ins „*Valentino*" ein, um von meiner Mexiko-Reise und dem Einsatz bei den Maya zu berichten. Pater Carlos konnte diesmal leider nicht bei uns sein, da sein Vater nach kurzer Krankheit gestorben war und er noch bei seiner Familie in Mexiko war. Unsere Freunde freuten sich, mich so wohlauf wiederzusehen, und ich möchte ihnen allen von Herzen danken, dass sie *Medical Mission Network* mit Spenden wieder so großzügig unterstützt haben. Mein Weg vom „Ich" zum „Wir" fing an, Früchte zu tragen.

Einen Tag vor dem Christkönigsfest, an dem die Legionäre Christi auch die Gründung ihrer Kongregation feiern, fragten mich Pater Bennet und Pater Carlos, ob ich dem *Regnum Christi* beitreten möchte. Ich sagte sofort ja. Die festliche Zeremonie fand drei Tage vor meinem Geburtstag statt und es war für mich das schönste Geschenk, auf diese Weise von Gott eine neue Familie geschenkt zu bekommen. Die nächste Überraschung kam kurz vor Weihnachten, als Pater Carlos mich wieder einlud, den Heiligen Abend mit den Legionären Christi in Bad Münstereifel zu verbringen.

Die Weihnachtsfeier war für mich so feierlich und schön wie im Jahr zuvor. Nach dem Festessen bestand Pater Valentin, der Ordensobere, darauf, dass ich als neues Familienmitglied im *Regnum Christi* doch bitte auch auf das Gruppenfoto kommen möchte. So bin ich, inmitten der Legionäre Christi in schwarzer Ordenskleidung, mit meinem leuchtend pinkfarbenen Blazer wie eine Art bunter Christbaumschmuck auf dem Gruppenfoto verewigt worden.

Die größte Überraschung des Abends kam beim obligatorischen Ziehen des Jahresheiligen. Als ich drankam, schickte ich ein Stoßgebet zum Himmel, damit ich einen Heiligen ziehe, den ich auch kannte – schließlich wollte ich mich nicht blamieren. Und wen zog ich? Zum Glück den heiligen Bonaventura, einen der bedeutendsten Philosophen und Theologen der Scholastik. Ich wusste einiges über ihn, weil ich bei Recherchen zu einem früheren Buch einen Gesprächspartner hatte, Pater Oronzo, einen freundlichen Franziskanermönch, der mir viel von dem heiligen Bonaventura erzählte – er war sein großes Glaubensvorbild. Ich betrachtete das als gutes Omen für das nächste Jahr und beschloss, ein neues Buch zu schreiben über all das Gute, was Gott mir seit Klaus' Tod geschenkt hat und um das Regnum Christi – meine neue Familie – und dessen Projekte bekannter zu machen. Ich wollte auch zeigen, wie Gott, die Quelle allen Seins, mich durch meine Träume an die Hand genommen und Schritt für Schritt geführt hat, damit ich seine Pläne für mein neues Leben erkennen und vertrauensvoll annehmen konnte. Ich bin dankbar, dass Pater Bennet mich geistlich begleitet und unter Mitwirkung des Heiligen Geistes in Geduld und Liebe zur Quelle allen Seins zurückgeführt hat. Wie kann ich meinem Schöpfer für alle seine weisen und liebevollen Pläne und Geschenke nur danken? Oft denke ich an Jesu Worte: „Jeder, der an mich glaubt, wird leben, und jeder, der an mich glaubt, wird auf ewig nicht sterben!" Ich fühle mich dadurch getröstet, denn mein Leben, das sich nach dem Verlust meines Ehemanns leer anfühlte, hat Gott erneuert und mit Sinn und Freude erfüllt. Meine Dankbarkeit kann ich nur ausdrücken, indem ich versuche, die grenzenlose Liebe, die ich empfangen habe, weiter zu verschenken und mit meinen bescheidenen Talenten und Fähigkeiten, so lange ich noch kann, zum Ausdruck zu bringen.

Als ich an diesem Weihnachtsfest mit einigen Priestern der Legionäre Christi sprach, merkte ich immer wieder, wie ernst sie ihren Dienst nehmen. Sie sind sich bewusst, dass die katholische Kirche für die Neuevangelisierung dienende und vom Heiligen Geist beseelte Priester braucht, um die vielen Wunden und Spaltungen der letzten Jahre zu heilen und sie für die Gläubigen wieder attraktiv zu machen. Wenn man die verschiedenen Berufungsgeschichten dieser jungen Priester hört, erkennt man deutlich, dass Gott für sie schon lange, bevor sie es selbst erkannten, einen Plan hatte.

Zu diesem Thema hielt Pater Bennet in Bad Münstereifel eine Weihnachtspredigt, die ich hier veröffentlichen darf.

25. Dezember 2019 –
Weihnachtspredigt von Pater Bennet Tierney

Hat Gott für alle Menschen einen Plan?

Maria hatte einen Plan. Aber Gott hat ihn geändert. „Hab keine Angst, Maria", sagte der Engel Gabriel. Joseph hatte einen Plan. Aber Gott hat ihn geändert. „Du brauchst keine Angst zu haben, sagte ein anderer Engel. Die Hirten hatten einen Plan. Aber Gott hat ihn geändert. Und der Engel sagte zu ihnen: „Fürchtet euch nicht, denn ich verkünde euch eine große Freude, die dem ganzen Volk zuteilwerden soll." Du und ich, wir haben einen Plan. Aber Gott wird ihn ändern. Und es besteht kein Grund zur Angst. Weil Gott von Anfang an seinen Plan hat. Und sein Plan ist wunderbar.

Liebe Freunde, eine alte irische Legende erzählt:

Es waren einmal drei kleine Bäume, die auf einem Hügel wuchsen und von der Zukunft träumten.
Der erste sagte: „Aus meinem Holz soll die schönste Schatztruhe der Welt gemacht werden. Viele wertvolle Edelsteine sollen darin liegen."
Der zweite hatte ebenfalls große Pläne. „Aus meinem Holz soll ein großes, stolzes Schiff gebaut werden, mit dem mächtige Könige reisen!"
Der dritte sagte: „Ich möchte auf diesem Hügel stehen

bleiben. Ich werde der größte Baum der Welt. Alle Menschen werden zu mir hochschauen. Dann werden sie den Himmel sehen und an Gott denken."

Eines Tages stiegen drei Holzfäller den Hügel herauf. Zum ersten Baum sagten sie: „Aus dir machen wir eine Krippe fürs Vieh." Zum zweiten Baum sagten sie: „Du bist genug für ein kleines Fischerboot." Auch der dritte Baum, der doch auf dem Hügel bleiben wollte, wurde gefällt. Was für eine Enttäuschung für die drei Bäume!

Die Jahre vergingen und die drei Bäume hatten ihre Träume schon fast vergessen. Doch eines Nachts legte eine junge Frau ihr neugeborenes Kind in die Futterkrippe, die aus dem ersten Baum gezimmert worden war. Und mit einem Mal wusste er, dass der wertvollste Schatz der Welt in ihm lag.

Auch der zweite Baum erlebte eine Überraschung. Eines Abends stieg ein Mann mit seinen Freunden in das Fischerboot, das aus ihm gebaut worden war. Der Mann war müde und schlief, während das Boot auf den See hinausfuhr. Plötzlich kam ein gewaltiger Sturm auf. Der Mann stand auf, und als er dem Sturm befahl, sich zu legen, verstummte dieser sofort. Da wusste der zweite Baum, dass er den mächtigsten aller Könige an Bord trug.

Der dritte Baum lag lange in Form eines Balkens in einem Stapel mit altem Holz. An einem Freitag wurde er hinausgezogen. Ein Mann trug ihn mitten durch eine Menschenmenge einen Hügel hinauf. Soldaten nagelten die Hände und Füße des Mannes an ihm fest. Doch als *am Sonntagmorgen die Sonne aufging, wusste der dritte Baum, dass sein alter Traum doch in Erfüllung gegangen war. Der Erlöser hatte an ihm gehangen und er war zu einem Wegweiser geworden, der die Menschen zu Gott führte.*

Natürlich ist das bloß eine Legende (ob irisch oder nicht). Aber sie enthält eine Wahrheit, die für uns wichtig ist. Gott hat die Wünsche der Bäume erfüllt – aber ganz anders, als sie es sich vorgestellt hatten. Denn was geschah, war sein Wille und nicht ihrer – und deshalb wurde am Ende alles viel besser, als sie es sich erhofft hatten.

Wenn Träume zerplatzen, reagieren wir oft mit Wut, Traurigkeit oder Resignation. Aber wir sollten auf Gottes Plan vertrauen, auch wenn wir ihn noch nicht verstehen können. Wer hätte damals in Betlehem schon gedacht, dass dieser Säugling, der in einer Krippe schlafen muss, die Welt erlösen wird. Dass aus dem Kreuz, einem grausamen Hinrichtungsinstrument, ein Wegweiser zu Gott wird?

Die meisten Menschen ahnen nicht, was Gott aus ihnen machen könnte, wenn sie sich ihm nur zur Verfügung stellen würden. Sich ganz Gott anzuvertrauen, sich ihm zur Verfügung zu stellen, ist für uns eine große Herausforderung. Denn um den eigenen Willen aufzugeben, braucht man Willenskraft. Um sich Gott zu überlassen, braucht man den Mut zu einer klaren Entscheidung.

Das hat Maria gemacht. Das hat Josef gemacht. Das haben die Hirten und alle Heiligen gemacht. Und heute Nacht, in der Weihnachtsnacht, als Weihnachtsgeschenk für das Kind Jesus, könntest du dasselbe tun, wenn du möchtest.

Denn „das aufstrahlende Licht in der Höhe wird uns besuchen … um ALLEN zu leuchten … um unsere Schritte zu lenken auf den Weg des Friedens."

Um die Ungewissheit, ob sich wirklich alles zum Guten wenden wird, auszuhalten, braucht man Vertrauen. Manchmal scheint es, als würde Gott unsere Pläne über den Haufen werfen und unser Leben vollkommen durcheinanderbringen. Sich von ihm zum Ziel führen zu lassen, kommt uns dann wie ein Wagnis vor - das wir aber unbedingt eingehen sollten.

Weil er Größeres in uns tun möchte. Deshalb ist das Wort Fleisch geworden, und hat unter uns gewohnt. Um uns zu sagen: „Hab keine Angst. Ich habe einen Plan für dich. Er ist wunderschön und wundervoll. Ich möchte mit dir und der ganzen Menschheit eine wundervolle Zukunft voller Liebe, Frieden und Gerechtigkeit aufbauen. Darauf kannst du vertrauen. Ich brauche nur deine Zustimmung, sie ist entscheidend."

Möge dieses Weihnachtsfest eine vertrauensvolle Entscheidung für uns und eine liebevolle Erneuerung voller Hoffnung, Licht und Frieden sein. Frohe Weihnachten euch allen! Amen.

Dass die Auferstehung und das Leben nach dem Tod Wirklichkeit sind, habe ich in den Jahren nach Klaus' Tod mehr als einmal bestätigt bekommen. Besonders intensiv in sehr klaren Träumen, wie ich sie 2007 auch nach dem Tod meiner Mutter hatte. Einen der schönsten Träume hatte ich am Morgen des 4. Juli 2020, in Amerika der Independence Day, der Unabhängigkeitstag. Ich hatte am Tag zuvor große Probleme nicht nur mit der elektronischen Haustechnik, sondern auch mit den digitalen Finessen meines neuen MacBooks und der Verbindung zum alten Drucker. Nichts funktionierte, der Speicherort für mein Manuskript war plötzlich nirgends mehr auffindbar und ich war frustriert, weil ich mich von den Geräten so terrorisiert fühlte, dass ich die Schreiberei ganz aufgeben wollte. Als ich dann abends ins Bett ging, dachte ich: Ob mein lieber Ehemann wohl sieht, mit was für einer komplizierten Technik ich mich jetzt hier allein herumquäle?

In den Morgenstunden träumte ich dann von Klaus. Ich sah ihn auf der Treppe, die zu seinem Büro im Dachgeschoss führt. Er stand mitten auf einer Stufe, mit ausgebreiteten Armen. „Du bist ja hier?", sagte ich völlig überrascht, voller Freude. „Aber ich bin doch immer da", antwortete Klaus lächelnd und schloss mich fest in seine Arme. Ich spürte förmlich seine Wärme. Über diesen Traum freute ich mich so sehr, dass ich voller Elan weiter an meinem Buch arbeiten wollte. Vielleicht war dieser Traum ein kleiner Hinweis von der himmlischen Regie, dass ich mich meiner Aufgabe stellen und dieses Buch zu Ende schreiben sollte. Meine Hoffnung ist, dass dieses

Buch dem einen oder anderen, der einen Verlust erlebt hat, ein kleiner Trost sein kann. In diesem Sinne gilt mein allerherzlichster Dank allen himmlischen und irdischen Helfern, die Gott mir in der Not geschickt hat und ohne deren große Hilfe dieses Werk niemals zustande gekommen wäre. Dies gilt ganz besonders auch meiner treuen Freundin Mechthild, die mir vom ersten Tag an, als unsere Wege sich durch himmlische Fügung kreuzten, in jeder Hinsicht geholfen und mir stets in allen Schwierigkeiten beigestanden hat.

Von Herzen danken möchte ich auch meiner einfühlsamen vom Himmel geschickten Lektorin: Dr. Andrea Neuhaus, langjährige Pressechefin für Medical Mission Network. Ich hätte mir keine bessere wünschen können. Ohne ihren professionellen Rat, sachkundiges Wissen und Verbesserungen am Manuskript wäre dieses Buch nicht möglich gewesen. Die Arbeit mit ihr war für mich eine große Freude!

„Wer glaubt, ist nie allein", hat unser verehrter deutscher Papst Benedikt XVI. einmal gesagt. Genau diese tröstliche Wahrheit möchte ich hier mit meinem Bericht aus eigener Erfahrung bestätigen.

Der gesamte Erlös aus dem Verkauf meines Buches ist für die Arbeit von *Medical Mission Network* bestimmt.

Medical Mission Network e. V.
PAX-Bank eG Köln
IBAN DE22 3706 0193 4001 6610 06
BIC GENODED 1PAX

Königstein, am 4. August 2020
Am Festtag des heiligen Jean-Baptiste Marie Vianney
Pfarrer von Ars

Bibliografie

Accattoli Luigi, Johannes Paul II., Biografie, 1920 – 2005, Naumann & Göbel 1998

Adam Birgit, Dammer Inga, Das große Heiligen-Lexikon

Badde Paul, Maria von Guadalupe, Ullstein 2003

Bosco Teresio, Una Biografia Nuovo Don Bosco, Eledici 1979

Gänswein Georg, Vom Nine Eleven unseres Glaubens, Fe-Medienverlag 2019

Grün Anselm, Reiz Petra, Marienfeste, Vier-Türme-Verlag, Seehammer-Weyarn 1999

Hahn Scott, Der Priester, Krieger, Bruder, Bräutigam, Sankt-Ulrich Verlag

Hermann Helmut, Dorit Heike Gruhn, Mexiko, Reise-Know-How-Verlag

Hermes Gerhard, Das Gnadenbild von Guadalupe/Mexiko, Der Fels

Hesemann Michael, Geheimsache Fatima, Bettendorf 1997

Hofmann Winfried, Unsere Heiligen als Schutzpatrone, F. Pustet 1987

Johnston, Francis, The Wonder of Guadalupe, 1981 Augustine Publishing 1981

Malzahn Ingrid, Pater Pio von Pietrelcina, Edition Christliche Mystik 2001

Messori Vittorio Hrsg.), Johannes Paul II., Die Schwelle der Hoffnung überschreiten, Hoffmann & Campe 1994

Meléndez Alejandro Pedrosa, Saucedo Carlos Salinas, La Virgen de Guadalupe en la Cienca del siglo XXI, Buona Prensa 2015

Tierney Bennet LC, The Moral Implications of Genetic Testing, Ateneo Pontificio Regina Apostolorum, Roma 2003

Vogelsberger, A. Hartwig, Kaiser von Mexiko - Ein Habsburger auf Montezumas Thron, Wien, Amalthea